DASH,
오늘의 나를 넘어서라

행복을 향한 참된 도전, 마음속 명령을 따르라!

DASH,
오늘의 나를
넘어서라

| 민병철 지음 |

도전해본 것과
안 해본 것과의 차이!

한 남자가 있다. 그는 소위 스펙 미달자다. 서울의 4년제 대학을 특급 투수의 방어율로 간신히 졸업했다. 그 흔한 토익, 토플 성적도 없다. 그래서야 요즘 세상에 어디 입사 지원서라도 낼 수 있겠는가.

대학 졸업 후에는 빚이 3억 가까이 있었다. 도저히 갚을 수 없었다. 그를 힘들게 했던 것은 3억 원이라는 빚이 아니라 빚이 쌓이는 과정이었다. 열심히 할수록 빚은 더 늘어갔다. 아이러니하게도 열심히 한 결과 빚이 생겼다. 그 남자는 바로 나다.

지금 나는 플러스베이스볼(PLUS BASEBALL)이라는 야구용품 전문점을 운영 중이다. 현재 여러 수입 브랜드의 제품을 수입하고 있고, 자체 상표를 가지고 국내외에서 생산을 겸하면서 야구 마니아들과 함께 즐겁게 시장을 만들어나가고 있다. 나는 나의 꿈대로 벤츠 S클래스를 타고 여행하듯 즐기며 연간 수억 원의 수입을 올리고 있다. 그러는 과정에서 만나는 사람이 달라졌고, 경험의 폭이 넓어지고 깊이가 깊어졌으며, 그것을 바탕으로 더 즐거운 꿈을 꾸고 있다.

내가 이 책에서 하고 싶은 이야기는 내가 잘났다는 이야기가 아니다. 나는 누구라도 나처럼 할 수 있다는 이야기를 하고 싶다. 도전하면 누구나 이룰 수 있다. 내가 노력한 것에 비해 좋은 결과를 낼 수 있었던 이유는 단지 즐겁고 좋아하는 것에 도전했기 때문이다. 나는 내가 하고 싶은 것을 찾고자 나 자신에게 도전했고, 그 꿈을 이루기 위해 도움을 줄 수 있는 사람을 찾아 그 사람에게 투자했다. 그리고 도전을 두려워하지 않았다. 내가 내 꿈을 이룰 수 있었던 이유는 도전한 것이 전부라고 할 수 있다.

우리는 유례없는 불황과 수많은 변화 속에 놓여 있다. 수많은 청년들이 일자리를 찾고 있으나 기회는 제한적이고 스펙보다 경험이 중시되는 세상으로 변하고 있다. 이런 상황에서 살아남을 수 있는 사람은 명확하다. 바로 도전하는 사람이다. 기회조차도 사라지는 혼돈의 시대에 기회가 도전하는 사람의 몫이라는 것은 분명하다.

이 책의 제목에 등장하는 'DASH'는 '저돌적으로 공격해 들어가다'라는 뜻을 가지고 있다. 하지만 여기서는 내가 가진 꿈과 경험을 향해 두려워하지 말고 도전하라는 의미로 사용했다. 그리고 각각의 이니셜은 다음의 의미를 포함하고 있음을 알린다.

D: Dream, Dynamic

A: Attitude, Assist

S: Speed, Specific

H: Happy, Humor

이 책을 읽는 당신에게 나는 이렇게 말하고 싶다. "열심히 해도 되지 않을 때는 안 된다고 생각하지 말고 다른 방법을 찾아서 도전해보라"고. 그러면 분명 다른 방법이 있을 것이다. 지금의 문제가 '너무 열심히'에서 비롯된 문제일 수도 있다. 더 열심히 할수록 문제가 더욱 커질 수도 있다. 그런 경우, 열심히 하는 대신 다르게 하는 것을 찾기 위해 도전해보라.

나 역시도 그랬다. 나는 이 책에서 내가 직접 경험한 많은 이야기를 할 것이다. 이 이야기를 통해 발상의 전환과 마인드의 변화, 도전의 원동력을 얻을 수 있다면 당신의 인생도 분명히 크게 변할 수 있을 것이다.

이 책에는 흙수저로 태어난 한 젊은이의 성장 스토리, 8만 원으로 시작해 연간 수억 원의 이익을 올리고 있는 플러스베이스볼의 창업 스토리, 행복한 인생을 위해 도전하는 행복 스토리로 가득하다. 당신이 이 책을 읽고 인생의 행복에 도전하고픈 마음이 들었으면 좋겠다.

이 책의 출간에 감사하고픈 분들이 참 많다. 언제나 믿고 응원해주신 부모님, 항상 곁에서 힘이 되어준 인생의 동반자이자 아내 이선미, 존재만으로 힘이 되어주는 딸 하은이, 누나 같은 동생 선영이

와 새로운 가족들, 힘들고 어려운 상황에서도 언제나 아낌없는 조언을 해주신 김선원 사장님, 인생의 조언자 박재현 교수님, 한 배를 타고 열심히 믿고 따르는 플러스베이스볼 식구들에게 감사드린다. 그리고 무엇보다 기꺼이 이 책을 손에 든 독자 여러분의 건투를 빈다. 기회는 도전하는 사람의 몫이다.

Special Thanks!

박재현 교수님, 이영석 형님, 노커스 박지현 대표, 올드나이브스 태민 마스터, 젠틀커피 식구들, 이성천 형, 젠틀캡틴 정우, 박현정, 조영석 소장, 마인드파워 조성희 누나, 전라도이야기 황순택 형님, 안혁수 트레이너, 락희안 동혁이 형, 경청택시 함준선, 미치 사장님과 미치 가족들, 친구 요시, 일본어 선생님 박상아, 직샵 장철민, 최규진, 육미당당 김선주, 포튼가먼트 이용희, 더스노우 김수진 누나, 《돈기부여》 저자 조현우, 권중사 민창이, 항상 응원해주는 패밀리 고목디자인 은진 누나, 박가네 상미 누나, 마마무 식구들과 수많은 야구용품점 사장님들 그리고 고객님들께 감사드린다.

| CONTENTS |

1장
불황과 혼돈 속에서
살아남는 방법

인생역전 도전 이야기 1

커피와 결혼한 남자 _ 젠틀커피 이정우 대표

4장

나 자신에게
도전하라

인생역전 도전 이야기 4

나만의 브랜드를 창조하라 _ **핑크펭귄 박재현 대표**

5장

준비된 많은
우연에 도전하라

1장

불황과
혼돈 속에서
살아남는 방법

01
스펙보다
경험이 중요한 세상

경험은 도전을 통해 만들어진다

나는 서울에 있는 한 대학을 우스운 성적으로 졸업하였다. 졸업 성적은 2.1점 정도였다. 특급 투수의 방어율이 아니다. 나의 대학 졸업 학점이다. 재학 중 학사경고를 수차례 받고 '과연 졸업할 수 있을까?' 하는 걱정을 했던 기억이 난다.

토익, 토플 등의 성적은 학교를 졸업하면서 중요하게 생각하는 스펙 중 하나이다. 하지만 나는 이런 스펙 기준의 점수를 알지 못한다. 나는 모두가 휩쓸리듯 스펙에 매달릴 때에도 그보다 다양한 경험을 하는 것에서 더 큰 즐거움을 느꼈다. 남들이 세운 스펙이라는 기준으로 볼 때 나는 그야말로 어느 곳에서도 환영받지 못할, 비루한 스펙의 소유자다. 하지만 이런 비루한 스펙의 소유자인 내가 지금은 벤츠 S클래스를 타고 다니고, 수많은 해외 출장과 여행을 즐기며, 일주일에 다섯 시간이 채 안 되는 시간을 일하면서도 연간 억대의 수입을 올리고 있다.

내가 이렇게 살고 있는 이유는 간단하다. 남들과는 달리 스펙에 집중하지 않고 나만의 가치를 만들기 위해 노력하면서 사라져가는 하루를 살아가는 대신에 쌓아가는 하루를 살았기 때문이다. 나는 그렇게 쌓은 경험을 통해 세상을 배웠다. 그 배움은 나를 전문가로 만들어주었고, 나의 인생에 자신감을 심어주었다. 혹시라도 아직까지 스펙에만 목매는 사람이 있다면 이렇게 묻고 싶다.

"자신감의 결여가 더 스펙에만 목매게 하는 것은 아닙니까?"

스펙이 겉으로 보이는 포장이라면, 경험은 그 안에 담긴 가치, 즉 내용물이다.

불황이다. 앞으로는 더 큰 불황이 올 것이라고 많은 전문가들이 예상하고 있다. 당신은 점점 더 뜨거워지는 불황이라는 솥에서 빠져나오지 못하고 서서히 죽어가는 개구리가 될 것인가? 아니면 그곳에서 탈출하기 위해 도전할 것인가? 많은 선택이 당신의 인생을 결정한다. 당신은 불황에도 당신만의 선택을 할 것이다.

모텔 청소부 출신으로 지금의 '야놀자'를 만든 이수진 대표, 돈도 빽도 없는 편입생 출신의 디자이너 고태용, 그리고 비루한 스펙에도 이렇게 도전을 외치는 나. 잘 보라. 우리의 도전이 더욱 값진 이유는 힘들지만 화려한 스펙보다 경험의 가치에 집중하고 도전했기 때문이다. 지금 나는 돈이 없는데, 빽이 없는데, 좋은 학교를 졸업하지 못했는데 등등의 이유로 망설이고 있다면 이 책을 읽고 새로운 도전을 결심해보기 바란다.

스펙보다 경험의 가치를 믿어라

토익과 토플은 정말 중요할까? 정작 외국어를 공부하는 이유는 말하고 듣기 위함이다. 나는 가장 필요 없는 공부 중 하나가 토익과 토플이라고 생각한다. 나 또한 제도권 교육을 받으며 수년간 영어를 배웠지만 영어를 자유롭게 쓰지도 말하지도 못한다. 왜 그럴까? 점수를 높이기 위한 교육을 받았기 때문이다. 결국 시간 낭비, 돈 낭비였다.

나는 지금 일본어를 공부하고 있다. 학교에서 영어를 공부했던 방식과는 다르게 공부하다 보니 당연히 성과가 높다. 즐겁게 배우면서 실력 또한 빠르게 늘고 있다. 짧은 기간 공부했음에도 불구하고 먹고살 수 있을 만큼 일본어를 구사할 수 있게 되었다.

내가 경험한 외국어를 잘하는 방법은 다음과 같다.

첫째, 왜 배워야 하는지를 생각해야 한다. 남들이 다 하니까 하는 게 아니라 나에게 꼭 필요한지, 내가 하고 싶은지를 먼저 생각해봐야 한다. 그 의지가 흥미를 불러일으키고 지속하게 한다.

둘째, 잘하려고 하지 말아야 한다. 말은 처음부터 잘하는 게 아니다. 꾸준히 계속하다 보면 잘해지는 것이다. 잘하려고 하는 순간 어려워진다. 말은 정상적인 사람이라면 누구나 계속하면 할 수 있다. 잘하려고 하지 말고 그냥 계속해라.

셋째, 읽기, 쓰기보다 중요한 것이 듣고 말하기다. 모든 것은 흥미와 본질이 중요하다. 내가 일본어를 시작한 이유는 일본인 친구들과 이야기하고 싶어서였다.

내가 생각하는 언어의 기본은 소통하는 것이 목적이다. 읽고 쓰기에 집중하다 보면 외국어에 흥미를 잃게 된다. 흥미를 잃는 순간 계속하기 힘들어지고, 결국 듣고 말하기가 영영 어려워진다. 모든 외국어는 동일하다. 이 방법으로 나는 일본어를 말하고 들을 수 있게 되었다. 물론 읽고 쓰는 것은 말하고 듣는 것만큼 쉽지 않다. 하지만 말하고 들을 수 있다는 사실이 중요하다.

경험을 통해 배워라

나는 현재 점수로 표현되는 스펙보다 말하고 들을 수 있는 경험의 가치가 훨씬 값지다는 사실을 증명하며 살고 있다. 당신도 스펙에 집중하는 것보다 경험의 가치에 집중하기 바란다.

우리가 경험을 두려워하는 이유는 성공과 실패로 구분하기 때문이다. 성공과 실패는 인생에서 그리 중요하지 않다. 정작 중요한 것은 그 과정에서 내가 배웠느냐, 못 배웠느냐이다. 결과는 성공했더라도 그 과정에서 배우지 못할 수도 있고, 결과는 실패했지만 그 과정에서 배웠을 수도 있다. 이렇듯 배우는 과정이 쌓여야 진짜 경험이고, 그것이야말로 우리 삶에 피가 되고 살이 된다. 우리가 지금 어디서 무슨 일을 하든 새로운 것을 경험하고 배우면서 그것을 차곡차곡 쌓아간다면 훨씬 더 가치 있는 인생이 될 것이다.

위기에도
잘되는 사람은 분명 있다

위기를 통해 깨달은 3가지 해결책

35년간의 내 인생에도 위기가 있었다. 그 위기는 기회의 바로 뒤에서 그림자처럼 찾아왔다. 나는 당시에는 그것이 위기인 줄도 모른 채 아무런 준비 없이 받아들일 수밖에 없었다. 잘나가던 때 갑자기 연평해전으로 계약이 줄줄이 취소되었고, 제품은 어느덧 악성 재고가 되어 창고에 쌓이기 시작했다. 시간이 흘러도 나아질 기미는 전혀 보이지 않았다.

일시적인 외부의 영향에 더해 전체적인 불황까지 겹치자 나이 스물아홉에 3억 원 정도의 빚이 생겼다. 순식간이었다. 사실 빚이 문제가 아니었다. 문제는 빚이 쌓이는 과정이었다. 이 과정에서 나는 많은 상처를 입고 많은 것을 잃어가고 있었다.

문제를 깨닫기도 전에 한 달에 상환해야 할 빚만 1,200만 원이었고, 거기에 운영비와 급여까지 쌓이니 그저 막막하기만 했다. 사실 쌓여 있는 빚만 해도 어려운데 빚이 빚을 더하고 있었다. 다행히도 나는 천성이 아주 낙천적이었다. 나는 문제를 해결하는 방법을 찾기 위해 노력하면서 외부로 핑계를 돌리는 일을 그만하기로 했다.

그러고 나니 해야 할 일이 많아졌다. 지금의 결과는 내가 잘못한 결과였다. 세상이 빠르게 변해서 예전에는 잘되던 모든 것들이 지금은 잘못된 결과를 낼 수도 있다고 생각하니 답은 의외로 간단했다. 나는 급히 출장 준비를 했다. 그리고 채무가 있는 모든 곳에 손수 보고서 형식의 편지를 발송했다. 편지에는 나의 상황을 가감 없이 설명했다. 현재의 재정 상태를 비롯해 현금의 흐름과 월 운영비, 상환 계획 등을 A4 용지 5장 정도에 담은 장문의 편지를 발송하였다.

그런 다음 중국으로 떠났다. 아무도 나를 찾지 않고 오롯이 나 자신에게 집중할 수 있는 여건을 만들고 싶었다. 정말 감사하게도 여러 사람들, 특히 큰 채무를 지고 있는 사장님들께서 진심 어린 격려와 믿음을 보내주셨다.

나는 중국의 불산에서 한 달 동안 혼자서 나에게 집중하는 시간을 가졌다. 처음 약 20일간은 진짜 신나게 놀았다. 여행도 가고, 친구도 사귀고, 자고, 먹고, 놀기를 무한 반복했다. 그러다가 문득 현실 문제를 해결하는 방법을 곰곰이 생각하기 시작했고, 다음과 같은 결론에 도달했다.

첫째, 성공도 실패도 모두 과정일 뿐이다.

순간의 결과에 만족하는 순간, 우리는 성공한 결과를 만들어낸 실패자가 될 수 있다. 성공이나 실패도 그저 순간에 지나지 않는다. 그때 실패로 비쳤던 내 모습을 나는 실패라고 생각하지 않는다. 나처럼 한없이 가벼운 인간을 성장시키려는 시험이었다고 생각한다.

둘째, 기업의 목적은 이윤 창출이 아닌 고객 만족이다.

게임에는 룰이 있다. 고객과의 게임에서 내가 큰 이득을 보고 내가 이겨서 많은 것을 가져간다고 좋아하는 순간, 고객은 다음 게임을 준비하는 대신 판을 엎고 자리를 떠난다. 진짜 이기는 것은 고객이 그 게임을 계속하게 만드는 것이다. 처음부터 크게 이기려 하지 말고 많은 사람들과 재미있게 게임을 계속해야 지속 가능한 비즈니스가 가능하다. 그러기 위해서는 고객의 관점에서 바라보아야 한다. 고객의 관점에서 내가 팔고 싶은 것이 많은 곳보다 고객이 갖고 싶은 것이 많은 매장으로 변화해야 한다.

셋째, 웃으면 복이 온다.

위기가 찾아왔을 때 나는 무척 힘들었다. 당시 내 얼굴은 세상의 온갖 고난을 짊어진 사람의 표정을 하고 있었을 것이다. 이런 내가 잘될 리가 있었을까?

나는 언제나 나에게 복이 오면 충분히 웃을 준비가 되어 있다고 생각했다. 많은 사람들에게 '나를 웃겨봐! 내게 복을 줘봐! 그럼 나도 당신을 웃기고 더 큰 복을 줄게!'라고만 생각했다. 하지만 이것은 정말 모자란 생각이었다. 지금은 부족하지만 내가 먼저 웃고, 내가 먼저 다가간다. 나는 앞으로도 언제 누구에게든 다시 보고 싶은 사람으로 기억되고 싶다.

이 세 가지가 내가 위기 속에서 찾은 삶의 해결책이다. 불행인지 행운인지, 나는 아둔하게도 이러한 사실을 3억 원이라는 빚을 지고 나서야 알았다.

결론적으로 나는 30일간의 여행을 통해 느낀 것을 토대로 그후 약 2년간 열심히 노력하여 빚을 모두 갚을 수 있었다. 그리고 외부의 영향에 크게 흔들리지 않는 사업 구조를 만들고, 내가 쓸 충분한 돈과 시간을 확보했다.

모든 해답은 내 안에 있다

세상이 어렵다고 사람들은 말한다. 하지만 언제나 어려웠다. 생각해보면 좋았던 때는 없었던 것 같다. 단지 더 어려웠고 덜 어려웠던 차이만 있을 뿐이다. 그렇지 않은가?

그런데 각 분야 전문가들의 말에 따르면 앞으로는 더 힘들어질 거라고 한다. 정치적인 영향과 인구분포의 문제, 신기술의 발전으로 기계와 컴퓨터, 인공지능 등이 사람의 일을 대신할 것이라고 한다. 그러면 일자리가 사라질 것이다. 신문과 뉴스를 봐도 온통 잿빛 전망뿐이다. 그렇다고 가만히 앉아서 그 불황을 온몸으로 맞이할 것인가?

아무리 힘들어도 준비만 잘한다면 분명 돌파구를 찾을 수 있다. 모든 문제의 책임 및 해결책은 내 안에 있다. 미래의 위기를 온몸으로 맞이할 용기가 있다면 그 용기로 위기를 이겨낼 도전을 준비해보라. 지금 웃는다고 해서 승자일까. 최후에 웃는 사람이 승자다.

03
기회는
도전하는 사람의 몫이다

기회조차 사라지는 불황의 시대

최근 들어 대한민국은 암울한 표현이 지배하고 있다. 어떤 기업으로부터 촉발될 불황을 이야기하고, 헬조선과 ○○충이라는 단어가 여기저기서 거론된다. 더 불행한 것은 많은 전문가들조차 미래를 더 큰 불황과 혼돈의 시대로 전망한다는 것이다. 이런 시대에는 많은 기회가 사라진다. 극히 제한된 기회 탓에 서로 힘겹게 경쟁해야 할 뿐만 아니라 그 경쟁에서 승리해도 그 성과는 크지 않다.

모든 것에는 동전의 앞면과 뒷면처럼 양면이 존재한다. 우리는 항상 선택의 기로에 선다. 자, 당신은 어떤가? 불황이라는 어두운 면을 보고 "힘들 거야! 안 돼! 어려워!"라며 포기한 채 손을 놓을 것인가? 아니면 그럴수록 방법을 찾고자 도전할 것인가? 단언컨대 불황 속에 오히려 큰 기회가 있다. 남들과 다르게 가는 것만으로도 기회가 있다. 그리고 그 기회는 도전하는 사람만의 몫이다.

많은 매체에서 불황을 이야기한다. 금리는 점점 더 낮아져 원금을 불리는 것은커녕 지키는 것조차 쉽지 않은 상황이다. 그러다 보니 가만히 있는 것이 오히려 이득이라는 말도 한다. 진짜 그럴까? 나는 아니라고 생각한다. 모두가 웅크릴 때 뛰어나갈 수 있는 힘을 길러야 한다. 그 힘에서 경쟁력이 나오고, 그 과정이 계속될 때 선순환이 이루어진다.

기회는 도전하는 사람에게 찾아온다

위기 뒤에 기회가 있다고들 말한다. 난 그 말에 전적으로 동의한다. 내 인생이 그랬다. 하지만 도전이라는 필요조건이 있어야 한다. 도전하지 않는다면 위기 뒤에도 계속 위기일 수밖에 없다. 나는 도전을 통해 위기를 기회로 만드는 과정을 여러 번 경험했다. 그 과정에서 많은 문제가 자연스레 배움과 교훈으로 바뀌었다. 결과가 좋아지면 그 과정에서 겪었던 문제들은 훈장으로 남는다.

그렇다면 우리는 정작 어떻게, 무엇을 위해 도전해야 할까?

첫째, 자기 자신에게 도전해야 한다. 그러기 위해서는 자기 자신을 잘 알아야 한다. 내가 뭘 좋아하고 잘할 수 있는지를 생각하는 과정에서 자기 자신에 대한 믿음이 나오고, 그 믿음 속에서 위기를 헤쳐나갈 수 있는 힘이 나온다.

둘째, 위기에서도 잘 헤쳐나간 사람을 찾아 배워야 한다. 세상에는 많은 색깔이 존재하고 각기 다른 향기가 있듯이 사람도 각기 다른 능력과 매력으로 세상을 살아가고 위기를 이겨낸다. 내가 가야 할 불확실한 길을 효과적으로 먼저 간 사람의 발자취를 따라 배울 수 있다면 정말 큰 행운이다. 책도 좋고 주위의 인물도 좋다. 배울 수 있는 사람을 찾아 배우고 만나기 위해 도전하라.

적어도 이 두 가지에 도전할 수 있다면 위기에도 견뎌낼 힘이 생긴다. 위기를 견디고 나면 다가올 기회에 더 크게 도약할 수 있다.

다음은 자신의 인생에 찾아온 큰 위기를 극복한 한 선배의 이야기다. 그 선배는 꽤 괜찮은 회사를 다녔는데, 갑자기 몸이 많이 안 좋아져서 회사를 그만두었다. 그 과정에서 자연스레 많은 생각을 하게 되었는데, 그동안 삶을 자신의 의도와 방향대로 살아오지 못한 것에 대한 후회를 느꼈다고 한다. 더 큰 문제는 자신의 삶에서 의도와 방향이 없었음을 깨달았다는 점인데, 인생에서 진짜 위기를 예고도 없이 겪은 것이다. 그런데 이게 비단 그만의 문제일까? 언제, 어디서, 어떤 삶의 위기가 우리를 찾아올지 모른다. 우리는 그게 외부적인 영향일지, 건강 등 내부적인 문제일지조차 알 수 없다.

그 선배는 요양하는 동안 자신이 좋아하는 일을 생각하다 결국 자신이 좋아하는 야구와 관련된 일을 하기 위해 야구 커뮤니티를 만들었다. 그리고 그곳에서 소통하고 즐기는 사이 그 놀이터가 지금은 대한민국 최고의 야구 커뮤니티가 되었다. 선배는 현재 연간 수

십억 원 이상의 매출을 올리면서 차츰 건강도 되찾고 행복하게 살고 있다.

누구에게나 위기는 찾아온다. 그 위기를 어떻게 대처하느냐가 문제다. 긍정적으로 자신이 할 수 있는 일을 하면서 담담히 맞선다면 위기는 오히려 기회가 될 수 있다.

모든 것이 잘 돌아가던 시대는 이제 다시 오지 않을 것이다. 점점 더 경쟁이 치열해지는 시대가 오고 있다. 그럴수록 기회는 도전하는 사람들만의 몫이 될 것이다. 위기일수록 도전해야 한다. 이는 절대 어려운 일이 아니다.

자, 당신이 원하는 것은 무엇인가? 그것에 도전하라. 그리고 그것을 알기 위해 도전하라. 위기의 시대일수록 기회는 도전하는 사람의 몫이다.

04
도전은
새로운 변화를 불러온다

마인드와 태도의 중요성

"나는 세상을 강자와 약자, 성공과 실패로 나누지 않는다. 나는 세상을 배우는 자와 배우지 않는 자로 나눈다."

_ 벤자민 바버

"모든 일 중에서 가장 어려운 것은 꾸준함이다. 시련이 많다는 것은 운이 좋은 일이다. 시련은 성장의 기회이며, 이 또한 흘러간다."

_박찬호

거센 파도가 유능한 선장을 만든다.

나는 어떤 분야에서든 멋진 업적을 남긴 사람은 예외 없이 변화와 위기라는 어려움을 극복하고 성장한 사람이라는 것을 알고 있다. 그 과정에서 성공 DNA가 생겨나고 더 강해진다.

천호식품의 김영식 대표는 《10미터만 더 뛰어봐》라는 책에서 "거센 파도가 유능한 선장을 만들고, 거센 파도를 두려워하지 말라고" 성공을 꿈꾸는 이에게 당부했다. 나 역시 변화와 위기라는 크고 작은 수많은 어려움을 통해서 성장해왔고, 앞으로도 필연적으로 마주칠 위기를 현명하게 극복하며 성장의 기회로 여기면서 살아갈 것이다.

내가 변화와 어려움의 위기를 기회로 삼아 성장하며 살아갈 수 있었던 원동력은 다음과 같은 믿음 때문이다.

1. 변화와 위기는 필연이다.
2. 변화와 위기를 성장의 기회로 삼는다.
3. 변화와 위기를 극복하는 것은 자신감이다.

변화와 위기는 필연이다

야구용품 사업을 하면서 거래처에 들를 때마다 사장님들로부터 "왜 이렇게 손님이 없지?"라는 얘기를 참 많이도 들었다. 나는 그 당시에는 이 말을 이해할 수 없었다. 사실 '여기에 손님이 어떻게 오길 바라지?'라고 생각했기 때문이다. 손님이 없으면 낮잠을 자거나 삼삼오오 모여 고스톱을 치는 모습이 좋지 않게 보이기도 했지만, 내가 손님이라고 생각해봐도 오고 싶은 무엇인가가 없었기 때문이다. 나는 내 매장을 그렇게 만들지 말자고 다짐했다.

시간이 흐른 어느 날, 나는 나도 모르게 "왜 이렇게 손님이 없지?"라고 말하고 있는 내 모습을 발견했다. 충격이었다. 항상 자신감이 넘치던 나에게 그날의 기억은 참으로 부끄러웠다. 당시 매출은 좋았을 때의 30퍼센트에도 미치지 못했다. 좋았을 때가 불과 8개월 전이니 짧은 시간에 매출 감소가 큰 폭으로 이어지고 있었다. 8개월 동안 쌓인 누적 적자는 곧 수억 원의 빚으로 되돌아왔다. 분명 큰 문제가 있었다. 그리고 그 문제는 빠른 시장변화와 함께 큰 위기로 찾아왔다.

위기를 성장의 기회로 삼는다

매출은 계속 감소하고 재고는 늘어 악성 재고가 되어가고 있었다. 빚은 계속해서 쌓여만 갔다. 문제가 있다는 것을 느꼈지만 해결책은 막막했다. 나는 수많은 시간을 고민한 끝에 문제점을 확인할 수 있었다.

핵심은 간단했다. 내부적으로 호황기를 거치고 성장하면서 나의 매장이 어느 순간 내가 좋아하는 매장으로 변해 있었다. 즉, 고객에게 좋은 매장이 아닌 나에게 좋은 매장 말이다. 본래 매장은 사업자의 입장에서는 물건을 판매하는 곳이지만 고객의 입장에서는 물건을 구매하는 곳이다. 이 관점의 차이에서 내부적인 문제가 발생하고 있었다. 내가 팔고 싶은 물건은 재고가 넘쳐났지만 고객이 사고 싶은 물건의 재고는 비어 있었다.

이에 더해 외부적으로는 야구용품 산업의 붐이 급속도로 꺼지고 있었다. 아울러 세계 시장의 경제 문제와 국내의 여러 사건·사고 때문에 소비자의 소비심리가 급격히 얼어붙었고, 그 결과 취미용품 사업인 나의 비즈니스가 큰 타격을 입고 있었다.

위기가 찾아온 것이다. 하지만 모든 문제를 내 탓으로 돌리자 방법이 떠오르기 시작했다. 나는 이 위기를 극복한다면 더 강해질 수 있다고 믿었다.

문제는 초심이었다. 우선 초심으로 돌아가야 했다. 첫째, 판매자의 관점이 아닌 구매자의 관점에서 시장과 나의 사업을 봐야 했다. 둘째, 시장의 변화를 냉정하게 읽고 받아들여야 했다. 나는 우선적으로 이 문제들을 해결하면 이 위기를 통해 더 성장할 수 있고, 또 그렇게 할 수 있다고 생각했다.

변화와 위기를 극복하는 것은 자신감이다

소비자의 시각에서 사업을 바라보니 문제가 한두 가지가 아니었다. 내 매장은 매력 없는 제품들로 가득했고, 시장에서 외면받고 있었다. 고객이 찾고 싶은 매력 있는 매장으로 바꾸어야 위기를 극복할 수 있었다. 그리고 금전적인 문제도 해결해야 했다. 고객이 찾고 싶은 매장으로 바꾸기 위해서는 자금이 필요했다. 다행히도 나에게는 아직 자신감이 있었다. 나는 할 수 있다는 믿음을 가지고 문제를 해결하기 시작했다. 이를 정리하면 다음과 같다.

1. 채무를 지고 있는 곳들에 자금의 현황과 앞으로의 상환 계획을 알리고 도움을 청했다.
2. 매력적인 샘플이 될 매장과 제품을 찾기 위해 비상금 300만 원을 가지고 일본을 찾았다.
3. 소비자의 관점에서 매장의 제품 포트폴리오를 다시 짜기 시작했다.

나는 이러한 과정을 통해 채무로부터 마음의 여유를 가지고 좀 더 매력적인 제품으로 매장을 다시 구성할 수 있었다. 시장의 변화를 읽고 좋은 제품, 즉 저가 위주에서 고품질 제품 위주로 소비자가 원하는 제품으로 매장을 꾸리자 고객이 다시 반응하기 시작했다. 좋은 제품을 찾는 손님이 많아지자 선순환의 길로 들어선 것이다. 그 결과 2년이 채 안 되어 수억 원에 달하는 빚을 정리하고, 내가 원하는 사람들 속에서 좋아하는 일을 하면서 행복을 누릴 수 있었다.

05
고민만 하는 사람,
도전을 하는 사람

생각했다면 행동하라

우리가 보고 만지고 들을 수 있는 모든 것들은 누군가가 도전한 결과물이다. 고민만 계속한다면 아무것도 이룰 수 없다. 천호식품 김영식 회장은 행동의 대가로 유명하다. 그의 슬로건은 "생각하면 행동으로!"이다. 그는 생각을 머릿속에 담아두지 않는다. 반드시 행동으로 옮길 뿐만 아니라, 생각한 즉시 행동한다. 그는 그리 탁월하지 않은 생각도 바로바로 행동으로 옮기는 과정에서 조금씩 더 진보할 수 있었고 시간이 흐르다 보니 만리장성을 쌓을 수 있었다. 물론 생각을 즉시 행동으로 옮기면 실패할 확률도 있지만, 그렇다고 생각만 거듭하다 보면 세월만 죽이게 된다.

김영식 회장은 IMF 때 완전히 거덜 났다. 하지만 반지를 저당잡혀 마련한 130만 원과 "생각하면 행동으로!"라는 슬로건으로 도전해 '강화사자발쑥진액', '산수유환', '통마늘진액' 등 건강식품 분야에서 히트작을 연속으로 터뜨리며 완벽하게 재기했다. 나는 쓰러진 자리에서 다시 일어선 그의 인생 역전 스토리를 통해 누구든 행동한다면 어떤 어려움과 고난도 극복할 수 있다는 인생의 진리를 깨달았다.

나의 인생 역시 도전의 결과물이었다. 완벽하게 생각하지 않고 행동으로 옮긴 탓에 수많은 시행착오를 겪기도 했지만 오히려 그것을 해결하면서 성장의 노하우와 좋은 결과를 얻을 수 있었다.

내가 지금 하는 일을 접하게 된 계기도 우연한 도전의 결과였다. 나는 어릴 적부터 야구를 매우 좋아했다. 고교 졸업 후 그동안 저금통에 모아온 돈으로 야구 글러브를 사기 위해 친구와 함께 서울의 한 야구용품점을 찾아갔다. 그 매장에서는 당시 20만 원대의 야구 글러브를 오픈 특가로 16만 원에 할인 판매 중이었지만 나에게는 8만 원뿐이었다. 나는 오래전부터 갖고 싶어 하던 글러브를 집어 들었다. 감동이었다. 그리고 어디서 그런 용기가 나왔는지 사장님에게 나의 현재 사정을 설명한 후 정중히 부탁하였다.

"저는 야구를 정말 좋아하는 학생인데 실례가 되지 않는다면 제가 가진 8만 원에 부탁드립니다."

운이 좋게도 그 사장님에게는 나와 비슷한 또래의 아들이 있었다. 사장님은 나를 자신의 아들처럼 대하며 좋은 이야기를 들려주셨고, 나는 내가 그토록 원하던 글러브를 갖게 되었다. 그 사장님과는 15년이 지난 지금도 멘토와 멘티를 넘어 가족처럼 지내고 있다. 그때 맺은 인연으로 나는 글러브와 함께 그 사장님의 명함을 얻었다. 나는 글러브의 품질에 만족했고, 인생의 선배이신 사장님과 대화하는 것도 즐거웠기에 이후 종종 찾아뵙고 많은 이야기를 나누었다.

그러던 어느 날 나는 내가 구입한 글러브를 지난번처럼 좋은 가격에 공급해주신다면 주위에 홍보하고 판매하여 대학 학비와 용돈을 스스로 해결하고 싶다고 부탁을 드렸다. 사장님은 흔쾌히 허락했고 나는 주말마다 지하철을 타고 인천과 서울을 오갔다. 나는 20만 원 상당의 글러브 15개를 받아서 야구 동호인들이 모이는 야구장을 찾아다니며 글러브를 홍보하고 판매하기 시작했다. 그리고 이렇게 도전한 결과, 좋은 사람들과 관계를 맺으며 수많은 일을 경험하고 성장할 수 있었다.

만약 당신이 지금 고민이나 생각만 하고 있다면 아마 어제도 그랬을 것이고 내일도 그럴 것이다. 무엇을 망설이는가? 과감히 도전하면 열매를 맛볼 것이고, 크고 작은 실패를 경험하는 과정에서 많은 것을 배울 수 있을 것이다. 도전은 성공과 실패로 결정되는 게 아니라 성공과 성장의 기회를 얻기 위한 매우 소중한 행동이다.

지금 방망이를 휘둘러라

우리가 텔레비전에서 보는 야구선수들은 수년간 훈련을 지속하고 수많은 경쟁을 거쳐 살아남은 선수들이다. 우리나라에는 고등학교 야구팀이 대략 55개 정도 있는데, 한 학교에서 나오는 졸업생이 약 여섯 명이라고 가정하면 해마다 약 350명 정도의 졸업생이 나온다. 여기에 대학교 졸업생과 기타 선수들을 포함하면 약 1,000명 내외로 그중에서 프로에 갈 수 있는 선수는 약 70~80명 정도에 불과하다. 이것도 10개 구단으로 늘고 2군이 활성화된 결과다.

이렇게 보면 대략 10퍼센트 이하가 프로에 간다고 생각할 수 있지만, 실제로는 초등학교 때 야구를 시작해 중학교, 고등학교를 거치면서 졸업하는 과정에서 각각 10퍼센트 이하만이 야구를 통해 학교를 졸업할 수 있다. 결과적으로 1,000분의 1이 안 되는 확률로 프로에 갈 수 있는 것이다. 이뿐만이 아니다. 각 팀당 신인 선수를 대략 일곱 명 정도 뽑는데 이 중 1군 엔트리에 들어 우리가 이름까지 아는 선수는 매우 적다.

일단 프로에 들어온 선수의 기량 차이는 거기서 거기다. 그야말로 백지장 차이다. 그렇다면 어떤 차이가 훌륭한 선수와 그저 그런 평범한 선수로 남게 하는 걸까? 수년간 연습한 자신의 기량을 믿고 지금 당장 방망이를 크게 휘두르는 선수는 좋은 선수가 되고, 실패를 두려워해 작은 스윙으로 대처하는 선수는 평범한 선수가 된다. 자신의 타석에서 당당함과 자신감을 보여주는지 그렇지 못하는지에 따라 결과는 확연히 달라진다.

실제로 우수한 타격 실력으로 이름을 떨친 장종훈, 베리 본즈, 베이브 루스에게는 홈런왕이라는 이면에 삼진왕이라는 이름이 붙어 있다. 야구는 인생이 잘 녹아 있는 스포츠로, 열 번의 기회 중

세 번의 안타를 훌륭한 타자의 기준으로 삼는다.

인생도 마찬가지다. 열 번의 기회 중 세 번 성공하면 꽤 괜찮은 인생이다. 일곱 번의 실패를 두려워하지 말고 자신이 원하는 바가 있으면 자신감을 가지고 당당하게 밀어붙여야 한다. 지금 당신의 인생, 자신이 서 있는 그곳에서 최선을 다하라. 일곱 번의 실패를 두려워하지 말고 자신 있게 크게 방망이를 휘둘러라! 그것이 성공과 성장으로 향하는 가장 빠른 길이다!

01

커피와 결혼한 남자
_젠틀커피 이정우 대표

　서울 강남구 도곡동에 위치한 젠틀커피는 스페셜 티를 기반으로 한 커피를 판매하는 곳으로 커피 마니아들에게는 꽤 유명한 커피 전문점이다. 이곳의 분위기는 처음 찾는 사람을 묘하게 당기는 매력이 있다. 사람에게 인격이 있듯이 매장에도 매장의 격이 있다. 나는 이 매장의 격을 젠틀하게 만들어가는 사람이 궁금했다. 우리는 금세 서로를 알아봤다. 그리고 가까워졌다. 나는 그가 나와 같은 류의 사람이라는 것을 느낄 수 있었다.

　우리는 길지 않은 대화 속에서도 많은 공감대를 찾을 수 있었다. 그는 내가 야구에 미쳤던 것처럼 커피와 결혼한 매력적인 남자였다. 나는 그의 커피에 대한 사랑과 그가 인생에서 경험한 도전 이야기가 많은 사람들에게 큰 메시지를 줄 수 있다는 확신이 들어 그에게 정식으로 인터뷰를 요청했다. 인터뷰를 마친 후 우리는 수년을 함께한 친구처럼 가까운 친구가 되었다. 그 이유는 우리 둘 다 자신이 좋아하는 무언가에 그리고 가치가 있다고 느끼는 여러 가지에 적극적으로 도전하는 삶을 살아왔기 때문이다.

Q: 어떤 사람이었는지 궁금합니다. 그리고 왜 커피였습니까?

저는 어릴 적부터 꿈과 호기심이 많았습니다. 다양한 것에 대한 호기심은 MTV라는 채널을 보면서 시작되었습니다. MTV는 음악 채널인데 거기서 보여주는 많은 것들이 제게는 멋진 일로 통했습니다. 저는 그 채널을 계기로 멋져 보이는 것들에 대한 관심이 생겼고, 그것을 접하기 위해 노력했습니다. 커피를 비롯해 음악에 관심이 생겨 무작정 래퍼로 활동해보기도 했고, 패션에 대해서도 관심이 생겼는데 지금까지도 패션에 대한 애착이 있습니다.

저는 그중 가장 멋져 보였던 커피를 배우기 시작하였습니다. 저는 그동안 글로 배운 지식보다는 직접 부딪히고 경험하며 얻은 것들의 가치를 우선시해왔습니다. 그래서 제대로 된 커피를 배우기 위해 노력했습니다. 파트타임부터 시작해 프랜차이즈 커피점의 점장이되었고, 전문 로스터 카페에서 로스팅 등 많은 것들을 직접 경험하면서 그렇게 배운 커피와 다양한 문화적 경험 등을 녹여 젠틀커피를 시작하게 되었습니다.

Q: 힘든 과정은 없었나요?
있었다면 그 과정을 이겨낸 원동력이 뭔가요?

특별히 힘들었던 점은 기억나지 않습니다. 하지만 시간이 흘러 생각해보면 항상 탄탄대로였던 것은 아닙니다. 시기적으로 힘들었던 상황도 분명 있었지만 그 시간을 힘들게 느끼지 않았던 것 같습니다. 그 이유는 저에게는 그 상황을 이겨낼 충분한 원동력이 있었기 때문입니다. 그동안 한 달에 70만 원 받고 일했던 시기도 있었는데 경제적으로 여유가 있는 상황은 아니었지만 제가 선택한 꿈이 있기에 배워나가는 과정이 값지고 즐거웠습니다.

당시 저는 지금 기준으로 보면 최저 시급도 못 받으면서 아르바이트하는 입장이었지만 진심으로 그 매장의 사장처럼 일했고, 그 결과 인정받을 수 있었습니다. 제가 그렇게 할 수 있었던 이유는 '나는 미래에는 최고의 커피로 인정받는 사장이 될 거야'라고 생각했기 때문입니다. 떠밀려 사는 삶, 그냥 사는 삶을 사는 것이 아니라 내가 선택하고 내가 원하는 일을 했기 때문에 힘든 과정을 거치는 시간 속에서도 진심으로 행복했습니다.

저는 망설이는 사람들에게 꼭 해주고 싶은 이야기가 있습니다. 자신을 믿고 도전해보라는 것입니다. 망설이기만 하다가는 아무런 결과도 일어나지 않습니다. 성공한 결과에서도 얻는 게 있고, 실패한 결과에서는 더 큰 것을 얻을 수 있습니다. 지금 당장은 실패라고 느껴지더라도 절대 실패가 아니었다는 것을 곧 느낄 수 있을 것입니다. 꿈이 있다면, 그것이 자신의 선택이라면 충분히 도전해볼 만한 가치가 있습니다.

Q: 좋아하는 일 vs 잘하는 일 중 어떤 일을 선택해야 할까요?

최근 들어 부쩍 자신의 인생 고민을 상담하는 요청이 많이 들어옵니다. 대부분이 "좋아하는 일이 있는데 좋아하는 일을 해야 하나요? 아니면 현실적으로 잘하는 일을 하야 하나요?"라는 내용입니다. 이런 질문은 오히려 조금 나은 편입니다. "좋아하는 일이 무엇인지 잘 모르겠다"고 말하는 이들도 많습니다. 사실 이런 고민은 좀 난감합니다. 저는 선택 장애가 있는 사람을 그리 선호하지 않습니다. 자기가 짜장면을 먹을지 짬뽕을 먹을지를 남에게 묻는 것과 다르지 않다고 생각하기 때문입니다.

인생은 수많은 선택으로 이루어져 있고, 항상 100점짜리 선택만 있는 것은 아닙니다. 하지만 자신이 원하는 선택을 한다면 그 과정에서 남을 탓하지 않고 온전히 자신의 경험으로 녹일 수 있다고 생각합니다. 그러기 위해서는 자신의 선택이 있어야 합니다. 저는 제가 선택한 경험으로 많은 것을 얻을 수 있었기에 강력하게 권하고 이야기할 수 있습니다.

우선 마음속으로 도전해보세요. 그리고 자신과 진심으로 대화해보세요. 그리고 찾아보고 노력해보세요. 찾아낸 그 무언가가 진심이라면 진심으로 가치 있는 어떤 것에 집중해보세요. 저는 그것이 충분히 값진 경험이 될 것이라고 확신합니다.

좋아하는 일과 잘하는 일 사이에서 선택하는 것 또한 마찬가지입니다. 좋아하는 일을 하면 더욱 빠르게 잘할 수 있습니다. 내가, 내 안에서 잘한다고 해서 그것이 반드시 시장에서의 경쟁력을 의미하지는 않습니다. 그보다는 자신이 좋아서 하는 일을 하면 더욱 빠른 속도로 잘할 수 있습니다. 제가 배운 커피가 그랬고, 음악과 패션 등 제가 좋아하는 일을 즐기는 과정에서 잘하는 것이 되었으며, 그런 요소들을 젠틀커피에 녹이고자 노력하고 있습니다. 선택되는 일을 하기보다 자신이 좋아서 선택한 일을 하세요. 그러다 보면 삶에 즐거움이 쌓이고, 자신만의 경험과 노하우가 생길 것입니다. 지금 당장은 큰 경쟁력이 아닐지라도 그렇게 즐기다 보면 탄탄한 경쟁력으로 자리 잡을 것입니다.

Q: 젠틀커피의 어필 포인트는 무엇인가요?

제가 처음으로 커피를 시작하게 된 계기는 멋져 보였기 때문입니다. 제가 추구하는 멋진 일은 젠틀커피다운 문화를 만드는 것입니다. 저는 젠틀한 사람을 좋아하고 젠틀하게 고객을 대하고자 노력하고 있습니다. 젠틀함은 하나의 멋진 문화라고 생각합니다. 저는 신뢰를 바탕으로 따뜻함이 살아 있는 카페를 만들고 싶습니다. 그런 살롱문화를 만들고, 그것을 우리답게 젠틀하게 풀어내서 보여주고 싶습니다. 그러기 위해서는 다양한 것들에 관심을 가지고 열심히 공부하면서 도전해야 합니다.

Q: 당신의 꿈은 무엇인가요?

저는 멋진 것에 죽고 멋진 것에 사는 남자입니다. 제가 생각하는 멋진 것의 끝은 호텔입니다. 제 취미 중 하나는 시간이 허락할 때마다 분위기 좋은 호텔에서 혼자 휴식을 취하는 것입니다. 저는 호텔이 종합 문화공간이라고 생각합니다. 호텔은 제가 좋아하는 여러 요소들의 집합소입니다. 저는 멋진 문화가 있는 호텔을 만들고 싶습니다. 멋진 호텔을 만드는 요소 중 하나가 커피이고, 공간과 문화입니다. 규모가 큰 곳보다 저만의 감각이 있는 호텔, 그 감각으로 인정받는 문화가 있는 호텔을 꼭 만들고 싶기에 그것이 지금의 젠틀커피의 연장선상에 있다고 믿고 움직이고 있습니다.

저는 제가 꿈꾸는 호텔을 만들기 위해 지금은 커피 분야에서 최고가 되기 위해 노력하는 중입니다. 또한 다양한 요소를 이해하기 위해 다양한 분야를 경험하고 그것에 도전하고 있습니다. 지금 이 과정 또한 깊은 터널을 지나는 시간일 수도 있지만 즐겁게 나아갈 수 있는 이유는 저에게는 꿈이 있기 때문입니다. 이루고 싶은 꿈이 있기에 그 꿈을 향해 한 발, 한 발 나아가는 이 시간 또한 충분히 즐겁습니다.

Q: 마지막으로 하고 싶은 말은 무엇인가요?

제가 지금까지 인생에서 시행착오를 겪으면서도 그 안에서 의미를 찾고 즐거울 수 있었던 이유는 주도적인 삶을 살았기 때문입니다. 저는 이것이 진짜 인생의 시작이라고 생각합니다. 제가 생각하는 진짜 멋진 일은 '자기 인생을 주도적으로 사는 것'입니다. 겉으로 보이는 멋 이전에 내면에서 우러나오는 그런 멋은 자신에 대한 자신감으로부터 시작된다고 믿기 때문입니다. 그런 멋을 찾기 위해 자신에게 도전해보십시오.

한 가지 덧붙이자면 경험해봐야 한다는 말을 하고 싶습니다. 경험에 도전해보세요. 그게 진짜 가치 있는 공부입니다. 겉만 핥아서는 많은 것을 판단할 수 없습니다. 삶은 선택의 연속입니다. 매번 최고의 선택을 할 수도 없고 정답도 없습니다. 다만 매 상황에서 더 나은 선택을 하기 위한 노력을 해야 하는데 그 방법은 경험에 도전하는 것입니다.

마지막으로 자신의 능력을 과소평가하지 마세요. 제가 좋아하는 명언 중 하나인데 〈짱구는 못 말려〉에 나온 말입니다. 이것을 소개하면서 마무리하고 싶습니다.

"꿈은 도망가지 않아. 항상 도망가는 것은 자신이지."

2장

주인으로
살기 위해
도전하라

01
주변의 문제인가?
자신의 문제인가?

관점을 바꾸면 해법이 달라진다

'산이 높으면 골짜기가 깊다'라는 말을 들어보았는가? 한창 잘나갈 때 나를 아끼는 사장님께서 해주신 조언이다. 그 말처럼 불황은 호황기의 그림자처럼 따라왔다.

나는 스무 살에 푼돈으로 사업을 시작했다. 그리고 스물여덟, 대학을 졸업할 무렵에는 통장에 억 단위의 잔고를 가질 수 있었다. 예전에 비해 자본금도 여유 있고, 경험도 쌓였고, 무엇보다 나에게는 고객이 있었다. 골짜기가 깊다는 이야기를 듣기는 했지만 마음으로 느낄 수는 없었다. 앞으로도 탄탄대로일 것이라고만 생각했다.

그러던 나에게 위기가 찾아왔다. 문제의 원인을 외부에서 찾으려고 하면 얼마든지 있었다. 연평해전으로 온 나라가 떠들썩했고, 혹시 모를 확전에 대한 불안으로 마트에서는 생필품이 동나고 있었다. 또한 리먼 브라더스로 국제적 금융위기가 오자 소비도 주춤해졌다. 나 역시 위기를 이 같은 외부의 탓으로 돌리고 '곧 좋아지겠지'라며 안일하게 시간을 보내고 있었다.

위기의 탓을 외부로 돌리니 마음이 편했다. 곧 정상으로 돌아올 거라는 안일한 기대가 나를 더 깊은 불황으로 내몰고 있다는 것을 당시에는 느낄 수 없었다. 시간이 흐르면서 무엇이라도 해야겠다는 생각이 들었다. 지금 나에게 찾아온 위기의 원인이 외부가 아닌 나에게 있다는 것을 인정하고 아니 할 일이 조금씩 보이기 시작했다. 외부의 문제도 있었지만 그것은 핑계에 불과했다. 그동안 나는 내가 할 수 있는 일조차 미루고 있었다. 그런데 생각을 고치자 방법이 보이기 시작했다. 시장이 빠르게 변하고 있는데 내가 따라가지 못했던 것이다.

우선 시장을 읽고 따라가야 했다. 주위의 잘되는 매장을 둘러봤다. 같은 업종보다는 유사 업종의 매장을 둘러보고 나에게 적용할 수 있는 점을 생각했다. 그 전까지는 운이 좋았던 것뿐이었는데 고비가 없으니 순전히 내가 잘나서 잘됐다고 착각하고 있었던 것이다.

잘되는 매장에는 그곳만의 무엇인가가 있었다. 주인의 철학이 그곳의 아이덴티티가 되고, 그것은 그곳만의 격이 되었다. 나는 그것을 보고 느낄 수 있었다. 나에게도 나만의 무엇, 내 사업만의 무엇이 필요했다. 하지만 필요한 것을 느꼈다고 해서 그것이 금방 생기지는 않았다.

나만의 무엇은 과연 무엇일까? 나는 그동안 야구용품점과 야구 브랜드를 운영하면서 다양한 경험을 했는데, 그 덕에 좋은 제품에 대한 감각을 키울 수 있었다. 그리고 다양한 사람들을 만나 배우는 것을 즐기고, 여행을 좋아하며, 좋지 않은 상황에서도 긍정적으로 생각하는 기질이 있었다. 나다움이란 바로 그것이었다. 나는 나 자신을 '판매자'라는 비즈니스적인 용어로 정의하는 대신 '매니저'라는 용어로 재정의했다. 내 관점이 중심인 판매자가 아니라, 상대방의 관점에 중심을 두고 구매에 도움을 주는 친구 같은 매니저로 관점을 바꾼 것이다.

우리 매장은 내가 제품을 판매하는 것이 아니라 고객이 제품을 만나는 곳이라고 다시 정의했다. 관점을 바꾸니 많은 게 달라졌다. 해야 할 일들도 많아졌다. 결핍이 성장의 기회가 된 것이다.

문제를 내 탓으로 돌리고 관점을 바꾸자 상황에 대처하는 방법도 바뀌었다. '나의 친구 같은 고객을 대하기 위해 무엇을 해야 할까?'에 대해 질문하고 고민한 결과 그들이 좋아하고 오고 싶은 곳으로 만들어야 한다는 생각이 들었다. 나는 매장을 내가 팔고 싶은 것이 많은 곳이 아닌 고객이 갖고 싶은 것, 보고 싶은 것이 많은 곳으로 만들어야 했다. 나는 그렇게 하기 위해 움직였다. 악성 재고는 출혈을 감수하고라도 처분했다. 그리고 그 자금으로 고객이 보고 싶은 것, 가지고 싶은 것 위주로 다시 매장을 구성했다.

모든 사업자의 고민 중 하나가 재고 문제이다. 나도 그렇고 내 주위에 있는 많은 사장님들의 고민이기도 하다. 하지만 그것은 내 문제다. 고객은 그런 것까지 이해해주지 않는다. 매장의 존재 이유는 고객과의 만남이고 고객이 선택하는 것이다. 매장을 운영하고 있다면 결품보다는 재고에 치이는 편이 훨씬 낫다. 고객이 찾는 제품이 없다면 대체품이라도 있어야 한다. 더군다나 다른 분야와는 다르게 스포츠 용품은 유통기한이 없다. 제품이 곧 인테리어다.

문제를 보는 관점을 바꾸고 책임을 나에게 돌리자 해결책을 생각할 수 있었다. 결과적으로 매장 또한 호황기 때보다 더 크게 성장했다. 시간이 지날수록 품질의 중요성을 이해하고 좋은 제품을 찾는 친구 같은 고객이 많이 생겼고, 나도 그들 속에서 함께 즐거움을 나눌 수 있었다.

되돌아 생각해보면 인간은 자기 자신에게 문제가 있다고 느낄 때 더 성장하는 것 같다. 문제를 보는 관점을 바꾸면 세상이 다르게 보인다. 혹시 당신도 비슷한 고민을 하고 있다면 핑계를 대는 대신에 문제를 자기 탓으로 돌리고 문제를 해결하기 위해 도전해보기 바란다. 그러면 분명 좋은 해답을 찾고, 더 성장할 수 있을 것이다.

세상을 바꾸려면 나부터 바꿔라

사람들이 남을 탓하는 경우를 많이 본다. 하지만 외부의 탓만 해서는 바꿀 수 있는 게 거의 없다. 나는 남을 탓하는 것도 습관이라고 생각한다. 사실 습관은 잘못된 작은 인식 혹은 인식하지 못하는 사소함에서 시작된다. 예를 들어 약속시간에 늦는 친구는 언제나 늦고, 항상 자신의 잘못이 아닌 남의 잘못으로 돌리며 책임을 회피한다. '차가 밀려서' 또는 '지하철이 안 와서' 등 스스로 통제할 수 없는 변명으로 자신의 책임을 회피하는데 이런 사고방식은 문제가 있다. 적어도 자신의 인생의 발전이라는 측면에서는 굉장히 마이너스적인 사고다.

이런 경우 문제를 해결하는 방법은 간단하다. 모든 문제의 원인을 자신에게 있다고 생각하고, 미리 준비하고, 대비하면 된다. 남을 탓하지 말고 자신을 탓해야만 해결책을 쉽게 찾을 수 있다. 나는 대학 시절 집이 있는 부천에서 서울 강동구에 있는 학교까지 통학했는데, 가는 데만 1시간 40분 정도 걸렸다. 많은 친구들이 자취를 권하면서 힘들지 않느냐고 했지만 나는 그 시간을 매우 알차게 보냈다. 몇 번의 시행착오를 거치고 출퇴근 시간을 피해 이른 시간에 움직이면서 여유 있게 책을 보는 등 유익하고 알찬 시간이 나에게 확보되는 것을 확인할 수 있었다. 이렇게 할 수 있었던 이유는 매우 간단하다. 내가 통제할 수 있는 시간의 범위에서 해결하고자 했기 때문이다. 문제가 생겼을 때 남을 탓하거나 외부로 원인을 돌리지 말고, 자신이 할 수 있는 것이 무엇인지를 먼저 고민한다면 모든 문제를 스스로 해결할 수 있다.

02
삶의 노예가 될 것인가?
주인이 될 것인가?

삶의 주인은 누구인가?

나는 어릴 적부터 내 삶의 주인으로 살고 싶었다. 주인은 어떤 사람일까? 내가 생각하는 주인은 원하는 것을 원할 때 할 수 있고, 그에 대한 책임도 자신이 지는 사람이다. 그런데 의외로 자신의 삶에서 주인으로 살지 못하는 사람이 많다.

많은 사람이 자신이 원하는 것이 무엇인지 몰라서 선택을 하지 못하고, 책임지지 못하고, 주인으로 살지 못한다. 그 이유는 자신의 생각과 행동에 확신이 없기 때문이다. 그래서 자신의 삶을 책임질 선택을 두려워하면서 그냥 살아간다. 옳은 선택을 하지 못하는 것이 아니라 그 어떤 선택도 하지 않고 그냥 흘러가는 것이야말로 더 큰 문제다.

우리는 자신의 삶에서 주인으로 살아가야 한다. 그러기 위해서는 자신의 인생과 삶의 목적에 대해 진지하게 고민을 해야 한다. 그 과정에서 자신에 대한 믿음이 생기고, 그 믿음을 통해 선택을 할 수 있고, 두려움을 해소할 수 있기 때문이다.

삶의 주인은 자신의 선택에 책임을 질 수 있어야 한다. 자기 삶의 주인으로 살기 위해서는 선택할 수 있는 용기와 함께 그 선택에 대해 책임질 수 있는 용기 또한 필요하다.

선택의 결과가 좋지 못하더라도 크게 걱정할 필요 없다. 그보다 더 큰 문제는 아무것도 선택하지 못하는 것이다. 걱정하지 말고 편한 마음으로 삶의 주인으로 살기 위해서 과감하게 선택하기 바란다. 실패하더라도 그것은 결과가 아닌 과정이다. 정작 실패하더라도 커다란 일이 벌어지지는 않는다. 그보다 실패의 과정에서 얻는 교훈이 훨씬 크다. 또한 작게라도 성공한다면 그 과정에서 자신감을 얻을 수 있다.

하루를 살아가는 사람 vs 하루가 살아지는 사람

나는 가끔 스스로에게 이런 질문을 던진다.

'오늘 하루 나는 계획한 대로 살았는가? 아니면 그냥 하루가 흘러가서 살아졌는가?'

나는 항상 하루를 계획한 대로 살고 인생의 주인으로 살기 위해 노력한다. 삶의 주인은 자신의 인생에서 자신이 선택하고 책임지는 사람이다. 자신의 삶을 주도적으로 주인으로 살기 위해서는 목표를 가지고 계획하는 사람이 되어야 한다.

나는 하루를 살아가는 사람이 되기 위해 수년 전부터 노트를 사용했다. 주로 사용하는 노트는 프랭클린 플래너다. 나는 매일 아침 내가 사용하는 시간의 1퍼센트 정도를 항상 계획하는 데 사용한다. 보통 24시간 중에서 수면시간 8시간 정도를 제외하면 깨어 있는 시간은 16시간이고, 이 중 1퍼센트인 약 15분 정도를 계획을 세우는 데 사용한다. 나는 내 인생의 주인으로서 일의 성과와 행복이라는 밸런스를 잘 유지하면서 살고 있다고 생각하는데, 그 중요한 요인이 하루를 내가 계획한 대로 살아가는 사람이 되고자 하기 때문이다.

삶의 주인은 스스로 선택하고 책임진다

삶의 주인은 스스로 선택하고 책임지는 사람이다. 그런데 선택을 하기 위해서는 선택의 기준이 필요하다. 선택의 기준이 있을 때 비로소 자신 있게 선택할 수 있다. "내가 나를 모르는데 남들 나를 알겠느냐?"라는 노래 가사도 있듯이 삶의 주인으로 살기 위해서는 무엇보다도 자기 자신을 알고자 노력해야 한다.

나를 알려면 나와 자주 마주 서고 대화해야 한다. 혼자만의 시간을 즐기다 보면 어느새 자신에 대해 모르던 것들을 알게 된다. 수

많은 책에서 말하듯이 자기계발의 기본은 자기를 만날 때 가능하고, 행동할 때 이루어진다.

자신을 알기 위해 내가 추천하는 방법은 크게 세 가지가 있다.

첫째, 여행하라. 가족이나 친구와 함께하는 여행도 좋지만 혼자 하는 여행을 즐겨라. 여행하는 동안 자신과 대화하라. 사실 바쁘게 살다 보면 자신과 대화할 시간이 그리 많지 않다.

둘째, 운동하라. 운동할 때에는 음악을 듣지 말고 자신에게 집중 해보라. 나와 소통하는 색다른 즐거움과 함께 내면의 소리나 근육 의 움직임이 더 잘 느껴질 것이다.

셋째, 펜과 종이를 들고 어디든 가라. 그리고 적어라. '나는 무엇 을 좋아하지?', '나는 무엇을 하고 싶지?', '내가 행복했던 시간은 언 제지?', '내 인생이 일주일만 남았다면 무엇을 하고 싶지?' 등의 질 문을 적고 각 질문에 대한 생각을 적어보라. 분명 나와 만나는 재미 에 빠질 수 있을 것이다.

삶의 주인은 일을 대하는 방식도 다르다

자신의 삶의 주인으로 사는 사람은 일을 대하는 방식도 달라야 한다. 나는 일을 하면서 나의 가치를 노동력이라는 이름으로 남이 정한 시간당 기준에 맞춰서 거래하는 방식이 싫었다. 나는 내가 일 하는 방식을 스스로 선택했다. 다음은 내가 일하는 방식을 선택하는 기준이다.

첫째, 내가 좋아하는 일이어야 한다. 둘째, 그 과정에서 배울 수 있는 일이어야 한다. 셋째, 노력한 만큼 성과를 낼 수 있는 일이어야 한다. 넷째, 내가 하고 싶을 때 주도적으로 시간을 관리하면서 할 수 있는 일이어야 한다. 나는 적어도 이 네 가지를 충족하는 일을 하고 싶었다. 그렇게 해서 처음 하게 된 아르바이트가 야구 글러브를 빌려서 판매하는 일이었다. 나는 학창 시절 주말마다 동대문에 있는 야구용품 회사에서 야구 글러브를 받아서 사회인 야구를 하는 인근의 운동장을 돌아다녔다.

지금 생각하면 타산이 잘 맞지 않는 상황이었고, 한편으로는 무모한 일이었지만 나는 보람을 느끼면서 계속했다. 여러 가지 어려움도 있었다. 첫째, 운동하러 나온 사람들을 대상으로 하다 보니 제품이 마음에 든다 해도 결제까지 이어지기가 힘들었다. 당시만 해도 지금처럼 이동식 카드 결제기가 있는 것도 아니었고 운동하다가 선뜻 수십만 원짜리 야구 글러브를 충동적으로 구매하기란 현실적으로 어려웠다. 둘째, 고객의 입장에서는 고가의 제품일수록 믿음과 신뢰를 통한 구매를 하고 싶을 텐데 당시 나는 고객에게 믿음과 신뢰를 주기에 충분하지 않았다. 셋째, 계속되는 거절과 실패로 자신감이 떨어지고 무기력해졌다. 계속되는 판매 부진으로 밑 빠진 독에 물을 붓는 느낌과 함께 자괴감을 느꼈고, 창피한 기분도 들었다.

그 모든 어려움을 이겨내고 좋은 성과를 낼 수 있었던 것은 내가 선택한 일에 대한 자신감과 책임감 때문이었다. 나는 바로 판매가 안 될 수 있다는 단점을 꾸준한 관계로 만회하기 위해 고객을 꾸준히 찾아갔다. 그리고 그 과정에서 신뢰를 있었고, 많은 것을 배울 수 있었다. 지금 생각해보면 그때가 내 인생에서 참으로 의미 있는 시간이었다는 생각이 든다.

03
한 번뿐인 인생,
행복을 선택하라

나는 행복을 선택했다

'행복이 무엇인가?'라는 질문을 요즘 부쩍 더 많이 하게 된다. 브라이언 트레이시는 "성공이란 당신이 즐기는 일을 당신이 감탄하고 존경하는 사람들 속에서 당신이 가장 원하는 방식으로 행하는 것이다"라고 말했다.

브라이언 트레이시의 말처럼 나는 행복을 선택했다. 나는 어릴 때부터 운동을 좋아했는데, 그중에도 특히 야구를 좋아했다. 야구를 좋아하다 보니 야구 글러브를 비롯한 야구용품을 매우 아끼고 좋아했다. 거실에서 야구 글러브를 닦으며 글러브에 영양크림을 바르고 있을 때면 집중하는 내 모습을 보신 엄마가 "그렇게 좋아? 너무 행복해 보여"라는 이야기를 종종 하셨다. 중학교, 고등학교, 대학교에 다닐 때 나는 용돈을 모아서 야구 글러브를 비롯한 운동용품을 샀다. 또한 대학 시절에는 선배들을 따라다니면서 동호인 야구를 하러 다녔다.

나는 운동을 많이 좋아했고 꽤나 잘했기 때문에 형들한테 귀여움을 받으면서 함께 어울릴 수 있었다. 그리고 그들로부터 많은 것을 보고 배웠다. 지금 나는 어릴 적부터 좋아하던 야구용품을 유통하는 일을 즐겁게 하고 있다. 이것은 당연하지만 내가 선택한 결과다.

나는 내가 좋아서 하는 일을 찾고, 그 일을 즐기고자 노력했다. 좋아하는 일을 즐기면서 하다 보니 그 일을 잘하는 것은 자연스러운 결과였다. 지금도 나는 내가 좋아하는 사람들 속에서 일하면서 성장, 발전하고 있다.

내가 만나는 사람들은 아주 즐거운 사람들이다. 우선 손님들의 경우 자신이 좋아하는 취미생활을 즐기기 위해 야구 글러브를 사러 우리 매장을 방문한다. 그들이 즐거운 마음으로 매장에 들어서는 것은 당연하다. 나는 이처럼 행복한 손님들 속에서 일하고 즐기면서 성장하고 있다. 고가의 취미 제품이기에 고객의 수준도 상당하다. 그런 수준 높은 사람들, 즐거운 사람들 속에서 일하는 것은 정말 행복한 일이다.

현재 나는 자체 상표를 갖고 있는 브랜드를 제작하고 유통하면서 해외 상품을 수입해 유통하고 있으며, 그 외에도 가성비 좋은 국내외 브랜드를 유통하고 있다. 자체 브랜드를 갖고 있다는 것은 나만의 방식으로 비즈니스를 할 수 있다는 것을 뜻한다. 나는 제품의 가격을 주도적으로 정하고, 유통방식, 마케팅 방법도 모두 결정할 수 있는 권한을 가지고 일을 진행하고 있다. 즉, 내가 원하는 방식으로 업무를 진행하고 있는 것이다.

나는 내가 브라이언 트레이시의 말에 꼭 들어맞는 행복한 삶을 살고 있다고 생각한다. 이렇게 할 수 있는 것은 단지 내가 좋아하는 것이 무엇인지 알고, 그것에 도전하는 길을 선택했기 때문이다.

성공하면 행복할까?

사람들은 성공하면 행복해질 거라는 생각으로 현재를 희생하며 살아간다. 하지만 행복한 사람이 성공할 확률은 성공한 사람이 행복할 확률보다 훨씬 더 높다. 사람들은 행복할 때 에너지가 더 왕성해지고 능동적으로 일한다. 또한 행복한 사람은 화난 사람보다 타인에게 더 친절하고 세상을 위해서도 좋은 일을 한다. 나는 성공하고 싶든 행복해지고 싶든 사는 동안 1분, 한 시간, 하루를 되도록 즐겁게 살아야 한다고 생각한다.

많은 사람들이 성공에 집착한다. 나 역시 그랬다. 성공하고자 하는 사람한테 "왜 성공해야 합니까?"라고 물어보면 대다수의 사람들이 이렇게 이야기한다. "행복해지기 위해서입니다." 그런데 성공하면 행복할까? 나는 반드시 그렇지만은 않다고 생각한다.

나는 운이 좋게도 어릴 적부터 나보다 훌륭한 사람들을 많이 만나면서 그들로부터 많은 것을 느끼고 배울 수 있었다. 한 칼럼에서 '성공한 실패자'라는 글을 보았던 기억이 난다. 그 내용을 간략하게 소개하면 다음과 같다.

"한국인은 성공에 집착한다. 뚜렷한 목적이나 이유 없이 그냥 성공 자체가 목표다. 그렇게 보고 자랐다. 경쟁하는 것이 습관화되었다. 등수 매기기가 대학 입시, 취업, 승진 등등까지 계속된다. 그리고 그토록 열심히 수십 년간 일한 결과 정말 소수의 사람만이 살아남아 기업의 임원이 된다. 그 사다리의 끝에 올라서면 더 이상 목표로 삼을 대상이 없어지고 지나간 세월을 후회하는 것이 일반적이다. 그 과정에서 생긴 많은 희생, 가족과의 관계, 꿈의 상실 등을 생각하며 괴로워한다. 많은 사람들이 그때 발생한 문제로 나락으로 떨어지기도 하고, 극단적으로 자살을 하기도 한다."

나는 이와 비슷한 사례를 많이 보았다. 대기업을 다니며 수많은 경쟁을 뚫고 임원까지 올라갔지만 너무 열심히 일한 나머지 주위를 돌아보지 못하고 어느 순간 자신의 젊음을 바쳐 일한 곳과 결별할 때 상실감을 느끼는 사람도 보았다. 그분은 최선을 다했고 사회적으로 성공했지만 행복을 느끼지 못했다. 내 주위뿐만 아니라 잘 알려진 어느 재벌가만 봐도 알 수 있다. 그 대기업 창업주의 가정사를 보면, 사회에서의 성공이 반드시 행복을 의미하는 것은 아니라는 것을 금방 느낄 수 있다. 대그룹 소유주의 자식들이 자살하고, 형제 간에 혈투를 벌이는 등 성공한 이들에게 일어나는 많은 문제를 보면서 나는 성공이 행복을 보장하지 않는다는 것을 확신했다.

행복한 일에 도전하라

행복한 사람은 주위 사람도 즐겁게 한다. 사람들은 대부분 행복할 때 에너지가 더 왕성해지고 능동적으로 일한다. 행복한 사람들의 주위에는 긍정적인 사람들이 많이 모이고, 그들은 긍정적인 에너지를 서로 나눈다. 그리고 이런 모든 것들이 서로 합쳐져서 더 강한 힘이 생긴다.

행복은 선순환의 열쇠다. 내가 행복해야 가족도 행복하다. 그리고 더 나아가서 자신의 주변을 행복하게 할 수 있다. 나는 오늘도 어제보다 더 행복해지기 위해 노력한다. 그것이 많은 사람들이 생각하는 삶의 본질적인 이유이고, 내가 생각하는 삶의 이유이기도 하다.

행복한 인생을 살려면 어떻게 해야 할까? 나는 행복을 20년 뒤에 만기가 되어 받는 장기 적금이라고 생각하지 않는다. 보장되지도 않은 20년 뒤에 있을 막역한 행복을 위해 지금을 희생하며 살아가기에는 내 인생에서 지금의 가치가 너무 크다. 다시 한 번 말하지만 행복은 20년 뒤에 찾을 수 있는 장기 적금이 아니다. 행복한 인생은 행복한 순간순간이 쌓이면서 느낄 수 있는, 남들에게 보여주는 행복이 아닌 내가 느낄 수 있는 가치다.

그렇기에 우리는 지금 행복해야 한다. 그런데 우리는 행복이란 단어를 좋아하면서도 당당하지 못하다. 오히려 불안해하기도 한다. '내가 지금 행복해도 되는 걸까?'라며 부담감을 느끼기도 한다. 우리는 이런 부담을 떨쳐야 한다. 행복은 죄가 아니다. 죄책감을 가질 이유도 없다. 내가 말하는 행복은 복권 당첨 같은 것이 아니다. 자신의 인생에서 가치 있는 일을 했을 때 느끼는 뿌듯함이라고 할 수 있다.

나는 오늘 행복하고 그 에너지로 내일도 행복할 때 인간의 능력치가 상상하지 못할 만큼 커지는 것을 많이 보았다. 따라서 지금 행복을 느낄 수 있는 무언가를 찾아야 한다. 그러기 위해서는 자신이 무엇을 좋아하는지 알려고 노력하고, 계속 행복해지기 위해 그것에 도전해야 한다.

내가 행복한 것을 찾는 방법 중 하나는 펜을 들고 백지에 그냥 적는 것이다. 내가 좋아하는 것, 긍정적으로 생각하는 것, 관심 있는 것 등을 적다 보면 크게 구분해서 묶을 수 있다. 그것을 보면 내가 좋아하는 것을 알 수 있고, 더 깊이 있게 볼 수 있다. 나는 이 과정이 즐겁고 행복하다. 부담을 갖지 말고 펜을 들고 시간이 날 때마다 적어보기 바란다.

04
나를 찾기 위해
도전하라

세상의 중심은 바로 나

이 세상의 주인은 누구일까? 바로 자기 자신이다. 그 이유는 간단하다. 나는 내 인생, 내 세상을 살기 때문이다. 그렇기에 통제 불가능한 수많은 문제에 신경 쓰는 대신 자기 자신의 삶과 인생에만 신경 쓰는 것이 훨씬 효과적인 인생을 만들 수 있다.

나는 인생을 한 편의 영화라고 생각한다. 감독도 나고, 작가도 나고, 심지어 주인공도 나다. 우리는 어떤 영화를 만들어야 할까? 행복한 영화를 만들어야 한다! 그렇다면 어떤 것이 행복일까? 이에 답하기 위해서는 자기 자신에게 질문해야 한다. 우리는 모두 자신의 인생에서 각자 자신이 감독이고, 작가이며, 주인공인 영화를 만들어야 하기 때문이다. 행복에 대한 기준은 다르다. 그 답을 구하기 위해 우리는 자신의 내면의 소리에 귀를 기울이면서 끊임없이 질문하고 알아가기 위한 노력을 멈춰서는 안 된다.

내 인생의 영화를 만들기 위해 우리는 무엇에 집중해야 할까? 그것은 바로 자기 자신이다. 내가 무엇을 원하고, 무엇을 잘하는지 아는 것은 매우 중요하다. 하지만 많은 사람들이 자신이 좋아하고 잘하는 일보다 다른 것들에 더 집중하고 시간을 할애한다. 그런 마음의 태도와 관점을 바꿔야 한다. 우주의 중심은 바로 나 자신이고, 내 인생의 주인은 바로 나라는 것으로 말이다.

내 삶의 답은 나만이 알고 있다

나는 항상 주도적인 사람이 되려고 노력한다. 또한 그런 사람이 되고자 행동하고 있다. 그런 과정을 반복하다 보니 내 인생에서 점점 더 주도권을 갖게 되고, 주도권을 갖는 만큼 행복해지면서 성과도 생겨났다. 이렇게 살아가는 것은 간단하다. 내가 결정할 수 있는 모든 것을 가능하면 내가 결정하겠다는 마음가짐을 실천하면 된다.

내가 결정할 수 없는 수많은 일들을 제외하고도 세상에 결정할 것들은 무수히 많다. 내가 결정할 수 있는 범위에 따라 내 인생에 대한 나의 영향력을 확인할 수 있다. 선택권이 별로 없다면 내 인생의 주인으로서의 삶과는 거리가 멀고, 많은 선택을 할 수 있다면 비교적 주인으로 살고 있다고 봐도 무방하다.

자신이 선택할 수 있음에도 불구하고 선택을 포기하는 사람이 너무나도 많다. 그들은 왜 스스로 선택을 하지 못할까? 그리고 "내가 뭘 잘할까요?", "나는 무슨 일을 좋아할까요?", "나는 커서 무엇이 될까요?"라며 자기에 관한 문제를 다른 사람에게 묻는 것일까?

　다시 한 번 말하지만 자신에 관한 결정은 자기 스스로 선택해야 한다. 정말 고민이 되는 문제라 해도 남에게 묻는 것은 그리 큰 도움이 되지 않는다. 남이 가르쳐줘서 찾아가는 길은 금방 그 믿음이 흔들려 다시 제자리로 돌아오게 되어 있다. 다른 사람에게 묻기 전에 자신을 알고 자기 자신에게 정확하게 질문해야 한다. 그러면 그만큼 좋은 질문이 나오고, 주위의 도움을 받을 수도 있으며, 많은 결정의 순간에 최선의 선택을 할 수 있다.

　내 인생의 답은 다른 누구도 아닌 나만이 알고 있다. 그 답을 남에게 얻고자 하면 안 된다. 또한 얻을 수도 없다. 자기 스스로 자신에 대해 고민한 만큼 해답에 가까워질 뿐이다. 인생에 정답은 없다. 다만 해답이 있을 뿐이다. 나 역시 많은 사람이 정답이라고 외치는 속에서 나만의 해답으로 살아가고자 노력하고 있다.

자신을 아끼고 사랑하라

　행복한 인생을 살기 위해서는 인생의 주인으로 살아야 한다. 그러기 위해서는 자신을 아끼고 사랑하고 관심을 가져야 한다. 자기 자신을 아끼고 사랑하면 또 다른 나를 만나게 된다. 그런데 나는 그렇지 못한 경우를 많이 보았다. 내가 나를 아끼고 사랑하지 못하는데 누가 나를 아끼고 사랑해준단 말인가.

《나의 문화유산답사기》라는 책을 쓴 유홍준 교수는 이렇게 말했다. "사랑하면 알게 되고 알게 되면 보이나니, 그때 보이는 것은 예전과는 같지 않으리라."

나는 이 말이 진리라고 생각한다. 우리는 다른 누구보다 자기 자신을 사랑해야 한다. 사람은 끊임없이 변한다. 그렇기에 끊임없이 자신을 사랑해야 하고, 자신을 만나기 위해 도전해야 한다. 나 역시 나 자신을 매우 사랑한다. 연애를 할 때와 똑같다. 나 자신을 사랑하는 연인이라고 생각하고 나에게 관심을 갖고 나와 대화를 한다고 생각해보라. 그러면 진짜 나를 만날 수 있고 더 사랑할 수 있게 된다. 나는 이때 느낀 사랑이 진정으로 나 자신을 믿게 하고 응원하는 것을 여러 번 경험했다. 또한 나에게 선물과 같은 적절한 보상을 하다 보면 어느새 자신과 더 많은 소통을 하면서 이해할 수 있는 사이가 된다. 그러한 사랑에서 비롯된 이해는 자기 자신을 더 깊게 믿게 하고 그런 믿음이 있는 상태에서 생긴 마음가짐은 어떤 일을 하든 더 큰 효과로 나타난다.

자기계발은 나를 만날 때 이루어진다

많은 사람들이 자기계발을 한다. 하지만 실질적인 효과는 그리 크지 않다. 예를 들어 많은 이들이 영어를 잘하기 위해 노력하지만 실생활에서는 크게 필요하지 않다 보니 실력이 늘지 않는 경우를 많이 본다. 불안한 마음에 영어공부를 하다가 마는 것을 반복할 뿐이다. 왜 그럴까? 왜 영어가 안 되는 걸까? 나는 필요하면, 즉 궁하면 할 수 있는 것이 인간의 능력이라고 생각한다. 다시 말하면 영어가 필요하지 않기 때문에, 간절히 원하지 않기 때문에 늘지 않는 것이다.

"자기계발은 자기를 만날 때 가능하고 자기가 실행할 때 이루어진다"고 내가 좋아하는 신태순 대표가 말했다. 생각할수록 고개를 끄덕이게 하는 말이다. 나 역시 자기계발을 위해 부지런히 노력하는 편이다. 노력한 것에 비해 성과가 큰 이유는 간단하다. 바로 내가 좋아하는 일을 배우고자 노력하고 필요한 곳에 써먹을 수 있는 것을 배우기 때문이다.

나는 요즘 일본어를 공부하는 중인데 그 이유는 첫째, 일본어로 내 인생이 더욱 값지고 가치 있는 경험을 할 수 있다는 믿음과 필요성을 느꼈기 때문이다. 둘째, 외국어는 우리나라 같은 작은 나라의 국민에게는 특히 더 필요한데 학습은 작은 성공을 연속적으로 경험하는 과정에서 큰 성과를 낼 수 있다는 믿음에서다. 모든 외국어는 어느 정도 비슷한 시스템, 즉 보고 듣고 말하고 읽고 쓰기의 순서로 습득이 가능한데, 나는 우선 비교적 쉽고 나에게 가장 현실적인 득이 되는 일본어로 성공 경험을 쌓은 다음 영어, 중국어 순으로 공부할 계획이다.

일본어 공부 외에 현재 내가 나의 발전을 위해 투자하고 있는 것은 책 쓰기다. 나는 우리가 살아갈 미래에는 책을 떠나 글쓰기가 아주 중요한 무기가 될 것이라고 생각한다. 나의 생각, 나의 경험을 나의 콘텐츠로 잘 정리하는 것은 비즈니스라는 전쟁터에서 나의 무기를 가다듬는 것과 같다. 전쟁에서 나의 승률을 높일 수 있는 무기를 갖는 것은 아주 중요하다.

내가 나의 발전을 위해 현재 계발하고 있는 세 번째는 말하기다. 나는 잘 정리된 콘텐츠를 상대에게 잘 전달하고 싶은 욕심 때문에 공을 들이고 있다. 말하기는 쉽지만, 잘 말하기는 어렵고, 나의 생각을 상대에게 정확히 전달하기는 매우 어렵다는 것을 공부하는 과정에서 느끼고 있다. "내 식으로 사람을 사랑하는 건 아무 의미가 없다. 그 사람이 사랑하는 방식으로 사랑해주라"라는 말의 의미를 뼈저리게 느낀다.

내가 자기계발을 위해 공부하는 말하기 역시 나의 내면에서 나온 대화를 통해 발전해나가는 중이다. 그렇기 때문에 습득의 양과 질은 물론 속도의 효율 면에서 상당히 만족스럽다. 다시 말하지만 자기계발은 자기를 만날 때 가능하다. 따라서 자기 자신을 만나기 위해 도전해야 한다. '나는 무엇을 좋아하지?', '나는 무엇을 원하지?', '나는 무엇을 잘하지?', '나에게는 무엇이 필요하지?', '나는 무엇을 해야 하지?' 등을 끊임없이 자신에게 물어야 한다. 그렇게 해서 얻어진 것이 있어야 비로소 성장, 발전하는 진정한 초석을 다질 수 있다.

1. 혼자만의 시간을 즐겨라.

2. 자신의 장점을 100가지 정도 적어라.

3. 자신이 좋아하는 것을 100가지 정도 적어라.

4. 혼자 여행을 떠나라. 여행이 허락되지 않으면 산책이라도 하라.

5. 아침에 15분간 나 홀로 차 한잔이라도 즐겨라.

6. 출퇴근길 시간을 나를 찾는 데 활용하라.

7. 자신에게 끊임없이 질문하라.

8. 운동을 하라. 40분 이상 혼자 걸어라.

05
도전은
인생의 원동력이다

마음먹었다면 도전하라

최근에 나는 재미난 경험을 몇 가지 하고 있다. 그중 대부분은 만남과 관련이 있다. 나는 자기 분야에서 꽤 성공했을 뿐만 아니라 즐기면서 행복하게 살아가는 사람들을 많이 만났다. 그런데 그들에게는 몇 가지 공통점이 있었다.

그중 하나는 모든 일에 매우 긍정적이라는 점이다. 나는 그러한 태도가 많은 것을 변하게 한다는 것을 느낄 수 있었다. 책에서 자주 접한 이야기였는데, 직접 경험해보니 실제로 그랬다. 노무사로 근무하던 친구가 독립을 고민하던 때의 일이다. 그가 그 고민을 자신의 동료와 친구들에게 털어놓았더니 대부분 "회사는 전쟁터지만, 회사

밖은 지옥이야", "요즘 때가 어느 때인데", "지금이 얼마나 힘든 시기인데" 등의 이유를 들면서 만류했다고 한다. 그러나 비교적 성공한 사람들이 많이 모인 모임에서는 "해봐라. 하다 보면 길이 생길 것이고 길을 찾을 수 있을 것이다", "처음부터 쉬운 것은 없다. 쉽다면 그게 이상한 것이다. 하면서 배우면 된다" 등의 긍정적인 조언을 해주었다고 한다.

실제로 많은 사람들이 일어나지 않은 일을 고민하고 걱정한다. '이거 했는데 안 되면 어떻게 하지?', '요즘 안 좋은데 어떻게 하지?', '무엇인가를 했는데 원하는 결과가 안 나오면 어떻게 하지?'와 같은 걱정 말이다. 나에게 어떻게 할지 묻는다면 그냥 해보라고 말하고 싶다. 많이 이들이 그러한 고민이 인생에서 아주 중요하다고 생각하지만 실제로는 아닌 경우가 대부분이기 때문이다.

직업에 대한 문제는 누구에게나 중요한 문제라고 할 수 있다. 하지만 요즘에는 평생 동안 평균적으로 다섯 개 정도의 직업을 갖는다고 한다. 무슨 일을 하는지보다는 그 일을 어떻게 하는지가 더 중요한 세상이 되어가고 있다. 그 '어떻게'는 자기 자신이 만들어가야 하는데, 남들과 차별화하는 방법이 바로 도전하는 것이다. 적극적으로, 부담 없이, 가볍게 해보라. 해보는 것이 경험의 차이를 만들고, 그 경험의 차이가 모여서 차별화가 된다.

마음먹은 것이 있으면 그냥 해보라. 해보지 않고 고민하는 것보다 해보고 후회하는 것이 훨씬 좋다. 나도 수많은 것들을 시도해왔지만, 처음부터 계획대로 된 적은 많지 않았다. 그것은 나의 어설픈 계획 때문일 수도 있고, 능력 부족, 준비 부족 등이 이유일 수도 있다. 나 또한 부족한 사람이지만 분명한 것은 일단 해보는 것이라고 자신 있게 말할 수 있다. 왜냐하면 처음부터 원하는 대로 딱 맞아떨어지지는 않았지만 시행착오 끝에 결국 원하는 방향으로 나아갈 수 있었기 때문이다. 나는 그 과정에서 우여곡절을 겪으면서 더 성장했고 강해졌다. 또한 내가 결정하고 하는 행동인 만큼 책임감도 생기고 주도적으로 할 수 있었다. 그 과정에서 주위 분들의 도움을 받기도 했으며, 좋은 인간관계를 형성하는 계기가 되기도 했다.

만남과 배움에 주도적이 되어라

인생은 여행을 참 많이 닮았다. 지금보다 어릴 때에는 여행을 할 때, '무엇을 타고 갈까?', '이런 것은 얼마나 할까?' 등 외적인 것, 물질적인 것에 관심이 많았다. 그런데 철이 들고 세상을 경험하다 보니 '누구와', '무엇을', '어떻게' 했는지가 더 기억에 남는다는 것을 알게 되었다. 중요하게 생각하는 게 달라진 것이다. 인생이라는 여행도 마찬가지다. 누구를 만나서 무엇을 하고 어떻게 하는지가 중요하다.

좋은 인생, 행복한 인생을 살려면 주위에 좋은 사람, 행복한 사람이 많아야 한다. 주위를 둘러보라. 소중한 가족, 소중한 친구, 자주 만나는 사람들 속에서 내가 살고 있다고 느껴보라. 그들 속에서 안정감을 느낄 수 있을 것이다. 나는 정말 복이 많은 사람이다. 그 이유는 사람들을 정말 잘 만났다고 생각하기 때문이다. 나를 잘 이끌어주신 여러 선생님, 욕심 많고 성격 강한 나를 잘 챙겨준 친구들, 동생 혹은 아들같이 챙겨주시고 지켜봐주시고 응원해주신 사회에서 만난 여러 스승님, 멋진 부모님 등 그 좋은 만남들이 나의 인생에서 많은 부분을 긍정적으로 바꿔주었다. 나는 감사하게도 그분들의 좋은 생각과 인생의 값비싼 노하우를 쉽게 배울 수 있었다. 정말이지 좋은 만남만큼 값진 공부는 없다. 그렇기에 멋진 인생을 살고자 한다면 멋진 스승을 곁에 두어야 한다.

나는 운이 좋게도 멋진 스승을 많이 만났다. 그분들은 참 배울게 많은 사람들이었다. 사람의 인연은 내가 기다린다고 해서 오는것이 아니다. 물론 운 좋게 오는 경우도 있겠지만 그럴 확률은 높지않다. 내가 원하는 멘토를 찾는 것은 나의 노력 여하에 달려 있다. 어렵게 생각하지 말고 그 만남에 도전해보라.

나는 수많은 도전을 통해 좋은 스승을 만났다. 그중 가장 기억에 남는 것은 가족과 같은 인간관계로까지 발전해 오랜 시간 거래하고 있는 김선원 사장님과의 만남이다. 김선원 사장님은 내가 좋아하는 야구용품 브랜드를 운영하고 계신다. 앞에서 얘기한 고등학교를 졸업한 시기에 갖고 싶은 글러브가 있어서 그동안 저금통에 모은 동전과 용돈을 가지고 찾아뵌 분이 바로 이 사장님이다.

사장님과 나는 그때 맺은 인연으로 지금까지 벌써 15년째 친구처럼, 스승과 제자처럼, 부모와 자식처럼 많은 것을 나누고 배우며지내고 있다. 야구 글러브를 구입하기 위해 처음 만났지만 그후 서로 꾸준히 관심을 보이고 정보를 공유하고 소통하면서 지금까지도 좋은 관계로 지내는 것은 나에게 정말 큰 행운이다.

그런데 나는 대부분의 만남이 이런 식이다. 작고 사소한 만남으로 시작해 인연을 맺는 일이 많다. 그때 같이 간 친구는 지금도 이렇게 이야기한다. "어떻게 그렇게 이야기할 수 있었어? 안 된다고 하면 어떻게 하려고……. 너무 얼굴 두꺼운 것 아니야?"

하지만 나는 그렇게 생각하지 않는다. 오히려 그 반대로 생각한다. 그냥 내가 할 수 있는 말로 내 마음을 표현해본 것뿐이었다. 김선원 사장님이랑 가끔 당시를 회상하는데 사장님은 이런 상황을 '공 넘기기'라고 표현하신다. 고민의 공을 상대에게 넘기는 것 말이다. 현명한 사람일수록 자신이 오랜 시간 고민하지 않고 고민의 공을 상대에게 넘길 줄 안다는 것이다. 참 멋진 얘기다. 현대인들은 자신이 컨트롤할 수 없는 것들에 대한 고민으로 많은 시간을 낭비하고 그 때문에 정작 중요한 일을 하지 못하는 경우가 많다.

자신의 의견을 당당히 이야기하는 것은 자신이 할 일이고, 그것을 거절하든 수락하든 그것은 상대의 몫이다. 이것은 진리다. 당당하지만 공손하게 자신의 뜻을 전달하는 것이 자신이 할 수 있는 최선의 선택이다. 나는 이처럼 간단한 사고와 행동으로 많은 사람들을 만날 수 있었고, 그들과 교류하면서 돈 주고도 못 살 값진 경험을 할 수 있었다. 또한 이러한 만남으로 인해 작은 성공 경험이 쌓이면서 자신감이 커졌고, 지금은 상대가 누구든 내가 만나고 싶으면 만나자고 당당히 이야기할 수 있게 되었다.

별것 아니다. 나도 했으니 누구나 할 수 있는 일이다. 나는 평범한 사람이다. 대단한 생각이 아닌 단순한 생각의 차이를 받아들인다면 누구나 할 수 있다.

자신의 삶에 주도적인 사람이 되려면

자신의 인생에서 주도권을 가지고 사는 것은 행복한 인생에서 대단히 중요하다. 자신의 인생에서 얼마나 주도적인 선택 권한을 가지고 있는지 가만히 생각해보라. 업무에서도 마찬가지다. 친구들과 어떻게 하면 성공할 수 있는지에 대한 이야기를 나누어보면 인생에 기회가 오면 그 기회를 놓치지 않겠다는 이야기를 많이 한다. 그 기회를 잡으면 성공할 거라고 생각하는 것이다.

내가 큰 성공을 거둔 것은 아니지만 나의 경험에 비추어볼 때 그런 성공의 기회, 즉 극적인 기회는 나에게는 오지 않는 것 같다. 그건 단지 드라마나 영화에서 보던 극적인 장면일 뿐이다. 물론 세상에는 예외라는 것이 존재한다. 그러나 그런 특별한 케이스는 염두에 두지 않는 것이 좋다. 우연히 나에게 찾아온 복권 같은 성공은 기대하지 않는 게 낫다.

내가 경험한 작은 성공의 연속과 작은 성공을 수시로 경험하며 쌓아가는 사람들의 공통점은 성공의 기회를 기다리기만 하지 않는다는 것이다. 좀 더 정확히 말하면 그들은 그 기회를 찾기 위해 주도적인 자세로 앞으로 나아간다.

내가 좋아하는 친한 형이 있다. 그는 규모가 있는 쇼핑몰이나 홈

페이지를 위탁받아 운영하는 사업을 하고 있는데, 어려운 상황에서도 규모를 조금씩 키워나가며 성장하고 있다. 이 형은 일의 특성상 신규 인력과 관리 인력을 꾸준히 채용하면서 면접을 진행하다 보니 사람 보는 눈이 상당히 매섭고 예리하다.

그는 직원 면접을 볼 때 가능하면 사무실에서 점심을 같이 먹는데, 주로 중국집에서 메뉴를 주문한다고 한다. 그리고 그 과정에서 그 사람의 어떤 모습을 볼 수 있다고 한다. 나는 이 말에 크게 공감했다. 기준은 간단하다! 자기가 먹을 메뉴를 자기가 고를 수 있느냐, 없느냐이다. 식당에서 메뉴를 선택할 때 짜장면이 좋을지 짬뽕이 좋을지를 옆에 앉아 있는 사람에게 묻는 사람이 있다.

나는 하나를 보면 열을 알아볼 수 있는 능력은 없지만, 어느 정도는 알 수 있을 것 같다. 적어도 짜장이냐 짬뽕이냐로 고민하는 사람에게는 중요한 선택을 맡기기가 힘들 거라는 것이다. 당신이라면 그런 직원을 선택하겠는가? 자신에게 주어진 주도적인 선택의 순간에 과감하게 선택하라. 그 결과에 스스로 책임을 지면 된다. 그러기 위해서는 작은 일부터 바꿔볼 필요가 있다. 당장 할 수 있는 작은 것부터 시작하라.

06
내 마음의
명령을 따르라

내 인생의 답은 내 안에 있다

많은 사람들이 자신만의 해답을 찾으려 하지 않고, 누군가가 정답을 가르쳐주기를 원한다. 그런데 세상에 그런 정답이 없다는 것은 조금만 생각해봐도 알 수 있다. 친구가 성공한 모습을 보고 부러워해본 적이 있을 것이다. 그게 왜 부러웠을까? 단순히 좋아 보였기 때문이 아닐까? 만약 친구가 의사가 된 것을 보고 부럽다고 해서 당신도 의사가 되면 좋을 것 같은가?

100명의 사람이 있으면 100가지의 성공이 있을 수 있고, 100가지의 행복이 있을 수 있다. 나는 각자가 자신의 성공과 행복을 추구해야 한다고 생각한다.

내가 아는 사람 중에 대기업에서 이사를 지낸 분이 있다. 그분은 주변에서 인정받는 훌륭한 사람이었다. 그는 열정적으로 일하고 조직에서도 성공했지만 자신의 인생에서는 그러지 못했다. 일할 때는 정신력으로 버티며 경쟁적으로 열심히 일해 이사까지 올라갔지만, 그 과정에서 자신의 행복은 늘 뒤로 미루어두고 있었다. 그는 결국 이사까지 올랐지만 사면초가에 빠져 퇴임한 후 다른 많은 사람들처럼 프랜차이즈 커피점을 창업했다. 그러고는 그렇게 창업한 대부분의 사람들처럼 권리금과 투자금도 회수하지 못하고 사업을 접었는데 그때 받은 스트레스로 인해 건강까지 상하고 말았다. 나는 그 과정을 지켜보면서 많은 것을 생각했다.

우리 사회는 사실 너무 목적 지향적이고 경쟁적이다. 왜 그래야 할까? 열심히 뛰는 것은 좋지만 적어도 왜 뛰어야 하는지는 자신에게 한번 물어보아야 한다. 그런 다음에 뛰어도 늦지 않다. 주변에 있는 사슴 한 마리가 뛰니까 무리 지어 뛰어가는 사슴과 우리가 다를 게 무엇이란 말인가. 당신이 그렇게 열심히 뛰는 이유는 무엇인가?

나한테 답을 알려줄 필요는 없다. 하지만 적어도 자기 자신에게는 묻고 답을 해야 한다. 그 답이 나오면 열심히 뛰면 된다. 그러면 그 전에 이유 없이 뛰었던 것과는 비교도 안 되게 달릴 수 있을 것이다. 그게 바로 마음의 힘이다. 그리고 그 답을 찾는 과정이 진정한 도전이다. 자신의 내면에 도전해보고 나만의 행복과 성공과 성장을 고민해보라. 거기에 행복으로 가는 자신만의 해답이 있을 것이다.

머리가 시키는 일 vs 가슴이 시키는 일

우리가 지닌 수많은 고민 중 하나가 머리가 시키는 일을 해야 할지, 가슴이 시키는 일을 해야 할지에 대한 것이다. 과연 어떤 것을 해야 할까? 그런데 왜 이 둘 중 하나만을 선택해야 한다고 생각하는가? 먹고살기 위해 지금 당장 해야 할 일과 가슴속에서 샘솟는 하고 싶은 일을 왜 동일 선상에 놓고 하나를 선택해야 할까?

인생에서 많은 부분이 우연의 연속이라고 생각하는가? 잘 생각해보라! 지금 해야 하는 일은 왜 해야 하는 것일까? 과거에 우연한 계기로 결정한 선택에 따라 지금 그 일을 하게 된 것이다. 반대로 생각하면 지금 하는 수많은 일들 또한 미래에 내가 할 수 있는 일이다. 그렇기에 나는 둘 다 해봤으면 좋겠다. 스스로 경험해봐야 알 수 있으므로 머리가 시키는 일로 현재의 삶을 이어가면서 동시에 가슴이 시키는 일을 경험해볼 것을 권한다.

물론 시간적인 제약 등 여러 가지 어려움이 있겠지만 그것을 헤쳐나갈 용기와 각오가 없다면 미래의 삶을 바꾸기는 어려울 것이다. 모든 것은 내가 생각한 것의 결과다. 그 생각을 행동으로 옮긴 결과가 인생의 경험이자 모든 것이다. 머리가 시키는 일만 중요한 것이 아니라 마음이 시키는 일 또한 중요하다.

가슴속에서 피어오르는 아스라한 꿈

우리는 왜 사는가? 그냥 살아지니까 사는가? 그건 아닐 것이다.

나는 삶의 목표를 행복이라고 생각한다. 그래서 일도 하고, 즐기는 등 여러 가지를 하면서 인생을 살아간다. 행복한 인생을 살기 위한 중요한 필요조건 중 하나는 자신의 삶을 사는 것이다. 누군가에게 지시를 받는 삶이 아니라 자신이 계획하고 생각한 삶을 살아가는 것이 중요하다. 그러기 위해서는 자신에게 다가가 내면의 소리를 듣기 위해 노력해야 한다.

나는 항상 가슴이 시키는 일을 하고자 했다. 그러기 위해 주기적으로 혼자만의 시간을 갖기 위해 노력하고, 혼자만의 시간을 활용하면서 내 가슴이 시키는 일이 무엇인지를 찾고자 노력했다. 처음에 야구용품과 관련된 일을 시작할 때도 그랬고, 사업이 힘들어졌을 때 나 자신과 진솔한 이야기를 나누고 싶어서 중국으로 한 달간 여행을 떠났을 때도 마찬가지였다.

그런 시간을 거친 후 나에게는 힘이 생겼다. 내 가슴이 진짜 시키는 것이 무엇인지, 내가 정말 원하는 것이 무엇인지를 알았기 때문에 자연스럽게 '어떻게' 할 것인지를 생각하게 되었다. 그러다 보니 위기를 극복할 수 있었고, 성과 역시 자연스레 따라왔다. 요즘 특히 공감이 가는 말이 있다. "노력하는 자는 즐기는 자를 이기지 못한다"는 말이다.

그렇다면 즐긴다는 것의 의미는 무엇일까? 팔자 좋은 소리 한다고 말하는 사람도 있을 것이다. 당장 매출과 성과를 내기조차 힘든데 너무 태평한 소리를 하는 것 아니냐고. 하지만 나는 그럼에도 불구하고 즐겨야 한다고 생각한다. 즐길 수 있는 일을 찾고 더 즐기고

자 노력할수록 좋은 성과에 다가갈 수 있고, 행복에 한 발 가까이 다가갈 수 있기 때문이다.

최근에 나는 더 즐겁게 생활하기 위해 매달 한 번은 야구와 관련된 여행을 떠난다. 보기에 따라 출장이기도 하고 여행이기도 하지만, 그게 뭐가 중요한가? 나는 여행도 하고 업무도 보면서 공부도 하고 있다. 의무감을 가지고 압박을 받으면 보고 느낄 수 없는 것들을 요즘은 즐기면서 배우고, 느끼고, 성과도 내고 있다. 그 이유가 무엇일까? 내가 원하는 일, 가슴속에서 시키는 일을 하고 있기 때문이라고 나는 확신한다.

나만 그런 것이 아니다. 내가 인터뷰한 여러 사람들이 자신의 일과 삶에서 행복을 느끼고 성장하고 발전하면서 살고 있는데, 그들의 이유 역시 마찬가지였다. 바로 자신의 가슴속에서 피어오르는 꿈을 이루고자 노력하는 삶을 살고 있다는 것이다. 그 꿈을 찾기 위해 당신도 도전해보라!

02

옷보다 사람이 먼저다
_노커스 박지현 대표

서울 안국역 근방 계동길을 걷다 보면 작지만 느낌 있는 수트 전문점 노커스(KNOCKERS)를 만날 수 있다. 나는 이 근처를 지나가다가 우연히 이곳을 알게 되었다. 매장이 크지는 않았지만 전문적이고 단정하고 정중한 느낌이 드는 수트 전문점을 보고 뭔지 모를 매력에 끌리듯이 들어갔던 기억이 난다. 그렇게 노커스와 박지현 대표를 만났다.

이런 매장에 들어서면 고객은 무언의 압박을 받게 마련인데, 이곳에서는 그들의 철학이 녹아 있는 제품과 그곳에서 풍기는 그들만의 매력이 편안하게 느껴졌다. 그 과정에서 나는 박지현 대표와 교감할 수 있었다. 이곳은 그다움이 녹아 있는 곳이고, 그다움이 있기에 더 매력 있는 곳이다.

내가 이곳을 좋아하는 이유는 다음과 같다.

1. 옷을 팔지 않는다. 스타일을 제안한다.

2. 옷보다 사람이 먼저다.

3. 트렌드에 편승하기보다는 질적으로 좋은 옷, 쓰임이 좋은 옷을 판다.

이런 매장은 처음이었다. 그래서 박지현 대표와 그다움이 녹아 있는 노커스가 더 궁금해졌다. 자신이 좋아하는 옷과 사람, 철학에 대해 그와 대화를 나누면 두세 시간은 훌쩍 지나가기 일쑤다. 서로 비슷한 관심사가 있다 보니 대화가 깊고 즐겁다.

나는 그에게 정중히 인터뷰를 요청했다. 그는 흔쾌히 응했다. 우리는 해장국을 깨끗이 비우고 커피 한잔과 시가를 즐기면서 인터뷰를 즐겁게 마무리했다.

Q: 박지현 대표에게 도전이란 무엇인가요?

제가 생각하는 도전은 자신이 생각하는 것을 과감히 해보는 것입니다. 굳이 많은 생각을 하느라 고민하면서 시간을 흘려보내는 것보다는 부딪치면서 맞서고 해결책을 찾아나가는 것이 더욱 효과적이라고 생각합니다. 많은 분들이 제 일을 멋지게 차려입고 일할 수 있는 폼 나는 직업이라고 생각하시는 것 같습니다. 그 덕분에 많은 젊은 친구들이 일을 배우고 싶어 하고 저에게 자문을 구하기도 합니다.

그들은 저와 같은 일을 해보고 싶어 합니다. 하지만 그중에서 진짜 이 일을 시작하는 친구들은 많지 않습니다. 또한 그런 친구들에게 진심 어린 조언을 해주기도 쉽지 않습니다. 그 이유는 그 친구들이 이 일을 하면서 즐거움과 배움을 얻을 수 있는지에 대해 진지하게 고민을 하지 않았기 때문입니다. 그냥 겉으로 보기에 멋져 보인다는 것만으로 많은 것을 쉽게 얻을 수 있을 거라고 생각하는 친구들이 많은데, 이런 것은 진짜 좋아하는 것이 아니라고 말하고 싶습니다. 먼저 자신에게 진지하게 많은 질문을 해봐야 합니다. 저는 그것이 첫 번째 도전이라고 생각합니다.

학창 시절과 회사를 다니던 시절, 저는 순간순간 꾸준히 저에게 묻고 답했습니다. '지금 이 일이 나의 삶을 행복하게 할까?' 등 수많은 질문을 하고 그에 답하는 과정에서 확신을 얻을 수 있었고, 그 힘을 바탕으로 지금 제가 하는 일을 과감히 시작할 수 있었습니다.

두 번째 도전은 첫 번째 도전에서 얻어낸 결과물에 대해 도전하는 것이었습니다. 저는 '스타일'과 '사람'이라는 키워드를 가지고 그 사람에 맞는 스타일링을 해주면 그 사람의 많은 것이 바뀔 수 있다는 확신을 가지고 다니던 회사를 과감히 정리하고 지금의 제 일을 시작했습니다. 첫 번째 도전의 힘으로 두 번째 도전에 집중하다 보면 그 과정에서 즐거움과 만족을 느낄 수 있고, 가치와 사명을 발견할 수 있습니다.

Q: 도전하게 된 계기가 있나요?

저는 비교적 괜찮은 회사에서 사회생활을 했습니다. 업무도 마음에 들었고 보람도 느꼈습니다. 하지만 그 안에서 특별한 가치를 찾기가 힘들었기에 미래를 생각하면 고민이 될 수밖에 없었습니다. 그때가 제가 가장 많은 고민을 하던 시기입니다.

제 미래의 모습을 예상할 때 가장 확실한 방법은 제 선배들의 현재의 모습을 보는 것이었습니다. 회사의 과장님, 부장님 등 저보다 앞서 살아온 그들의 삶이 제 미래의 삶이라는 생각을 하니 다른 길도 함께 찾아봐야겠다는 생각이 들었습니다. 물론 그분들은 모두 열심히 일하는 멋진 선배들이었지만 저는 그분들의 삶이 저의 미래의 삶이 되기를 바라지는 않았습니다.

저는 고민에 고민을 거듭했습니다. 저 역시 많은 사람들이 하는 고민을 그 시절에 한 것입니다. '내가 좋아하는 일이 무엇이지?' 하는 고민이요. 다행히도 저는 좋아하는 것들이 여러 가지 있었습니다. 저는 제가 무엇을 좋아하는지 비교적 잘 알고 있었죠. 그것은 패션과 사람이었습니다.

저는 어릴 적부터 광장시장의 구제시장에 가는 것을 즐겼습니다. 시장의 처음부터 끝까지 구석구석 휩쓸고 다니면서 수많은 옷을 구경하고 만져보았습니다. 당시 구제시장에 있는 의류 중에는 잘 고르면 쓸 만한 좋은 옷들이 정말 많았거든요. 저는 수많은 옷들을 보면서 어떤 것이 좋은 옷인지를 알 수 있었습니다. 그냥 만져보고 살펴보는 것만으로도 잘 만들어진 옷인지 그렇지 않은 옷인지를 쉽게 구분할 수 있었어요.

그리고 저는 사람을 좋아했습니다. 사람들과 소통하는 것을 즐겨서 학창 시절에 사회복지 과목을 공부하는 것이 좋았습니다. 저 혼자 많이 갖는 것보다 의미 있게 저의 가치를 다른 사람들과 나눈다는 것에서 많은 즐거움을 느꼈습니다.

좋아하는 것이 있다고 해서 바로 다니던 회사를 그만두고 무엇인가를 시작하기는 쉽지 않았습니다. 제가 생각하는 일에 대한 확신을 가질 수 있는 검증 기간이 필요했습니다. 저는 검증 시간을 갖기 위해 계획을 세웠습니다. 생각이 있고 의지가 있다면 충분히 방법을 만들어낼 수 있습니다. 저는 이것이 인간만이 가진 축복이라고 생각합니다.

Q: 이후 도전 과정은 어땠나요?

제가 하고 싶은 일을 무작정 시작하기 전에 우선 검증하는 과정이 필요했습니다. 저는 블로그를 활용했습니다. 블로그를 운영하면서 남자의 복식과 패션에 대한 정보를 모으고 무료 컨설팅을 진행했습니다. 그런데 제가 예상했던 것보다 빠르게 반응이 왔습니다.

대략 100건 정도의 무료 컨설팅을 진행하면서 저는 확신할 수 있었습니다. 시장성에 대한 확신뿐만 아니라 일이 진행되는 과정에서 저는 이미 즐기고 있었고, 많이 배우고 느끼면서 성장할 수 있었습니다. 가치 있는 일에 대한 보람은 보너스였습니다. 그 전까지는 패션에 옷은 있지만 사람은 없는 경우가 대부분이었습니다. 모두에게 어울리는 옷과 스타일은 다릅니다. 각자 하는 일에 따라 보여야 할 이미지도 다르고 좋아하는 스타일도 다릅니다. 저는 제가 그것을 알고 제 일에 반영하고 있다는 것에서 가치를 느꼈습니다.

제가 생각한 것은 '옷을 팔지 않는다' 대신 '스타일을 제안한다'라는 콘셉트였습니다. 컨설팅을 진행하면서 곳곳에서 강연 문의가 오고 실제로 방송과 강연에 출연하는 기회를 얻기도 했습니다. 저는 블로그를 운영하는 과정에서 같은 관심사를 가지고 있는 여러 전문가들과 '남자복식연구소'를 만들었습니다. 이 일을 좋아하는 이들이 모여 남자복식연구소에서 함께한 이들이 지금은 모두 각자의 자리에서 자신의 일에 가치를 느끼며 살아가는 것을 보면 그때의 즐거운 시간이 생각나곤 합니다.

저는 이때부터 확신이 들었습니다. '내가 좋아하는 일을 찾았고, 그것에 집중한다면 더욱 즐겁고 가치 있는 인생을 살 수 있겠다'는 확신이 들었고, 지금의 '노커스'를 만들 수 있었습니다.

Q: 그 과정에서 어려움은 없었나요?

저는 제 자신을 지금도 '패션 컨설턴트', '스타일리스트' 등으로 규정하곤 합니다. 저는 고객에게 단순히 옷을 판매하는 것이 아니라 스타일을 제안하고 컨설팅한다고 생각합니다. 당시만 해도 패션 컨설턴트라는 개념이 없었기에 이것을 비즈니스 모델로 만들기는 쉽지 않은 상황이었습니다. 즉, 무에서 유를 창조하는 느낌이었는데 이 과정에서 힘든 점이 좀 있었죠. 하지만 그 과정에서 많은 것을 얻을 수 있었습니다.

첫째, '내가 정말 이 일을 좋아하고, 이 일을 하면서 즐거움을 느끼는구나'라는 확신이었습니다. 모든 일이 순탄하게 펼쳐질 리 없습니다. 그 속에는 작은 어려움도 있고, 큰 어려움도 있게 마련입니다. 저는 그 과정을 경험하면서 어떤 어려움도 즐길 수 있겠다는 확신이 들었습니다. 만약 그 과정이 힘들기만 했다면 '이 일은 내가 정말 좋아하는 일이 아니었구나', '그냥 좋아하는 것처럼 느껴졌구나'라고 생각했을 것입니다.

둘째로 일에 대한 가능성입니다. 제가 제안하고 컨설팅해드린 많은 고객이 달라진 자신의 모습에 만족하는 것을 보면서 힘들지만 가치 있는 일에 대한 확신을 하게 되었습니다. 앞으로 펼쳐질 무궁무진한 가능성을 예상한 것입니다.

셋째, 사람을 얻었다는 점입니다. 저는 사람에게 진심으로 다가가는 컨설턴트가 되고 싶었는데 이게 사실 어려웠습니다. 이 일을 계속하기 위해서는 적절한 수익이 필요했습니다. 저는 돈이냐, 사람이냐의 갈림길에서 항상 사람의 가치를 우선으로 선택했기에 수익적인 측면에서는 아쉬움이 있었습니다. 하지만 사람을 택하면 제가 우선시하는 가치를 지킬 수 있고, 인간관계를 지속하는 과정에서 안정적인 수익도 가능하리라 생각했습니다. 그리고 그렇게 믿고 노력한 결과, 결국에는 진짜 재산인 사람을 얻을 수 있었습니다. 저는 겉으로는 어렵게 보였던 그 과정에서 더 많은 것을 얻을 수 있었다고 생각합니다.

Q: 어려웠던 시간을 버틸 수 있었던 힘은 무엇인가요?

제 인생의 핵심 키워드는 세 가지입니다. 그중 하나는 사람이고, 다른 하나는 패션이고, 마지막 하나는 그 사이에서 일어나는 커뮤

니케이션입니다. 이 세 가지가 제 중심을 잡아주고 있기에 어려웠던 시기에도 힘들다고 생각하지 않고 즐겁게 버틸 수 있었습니다.

저는 일하는 과정에서 많은 사람들을 만났고 정말 멋진 고객들을 만났습니다. 그들은 신사를 대변하는 사람들이었습니다. 저는 그들의 도움으로 꾸준히 한 걸음씩 앞으로 나아가는 법을 배웠고, 그렇게 빠르지 않더라도 방향성을 가지고 걸어올 수 있었습니다. 지금도 저는 천천히 한 걸음씩 바르게 걸어가고자 노력합니다. 겉으로 보이는 외형적인 성장보다 고객 한 분, 한 분에게 집중하고 그들에게 더욱 큰 만족을 주는 것이 제가 생각하는 올바른 방향입니다.

Q: 도전하는 삶을 통해 느낀 점은 무엇인가요?

저는 제 삶의 주인으로 살고 있습니다. 무엇보다 이것이 가장 큰 보람이자 즐거움이라고 생각합니다. 저는 제 인생을 제가 선택한 대로 살고 있습니다. 저는 사람을 중요시하고 좋아합니다. 지금 저는 아주 멋진 사람들 속에서 제가 좋아하는 일을 통해 그들에게 즐거운 영향력을 행사하고 있습니다. 어찌 행복하지 않고 기쁘지 않을 수 있겠습니까? 삶은 선택의 연속입니다. 하나의 선택이 그다음의 선택에도 영향을 끼칩니다. 자신이 자신의 삶에서 주도적으로 선택한다는 것은 살아가는 데 매우 중요합니다.

Q: 망설이는 사람에게 조언을 부탁드립니다.

요즘 부쩍 자신의 미래에 대해 고민하는 이들과 상담할 기회가 많아졌습니다. 제가 경험한 것을 바탕으로 조언하자면 막무가내의 대책 없는 행동으로는 좋은 결과를 기대할 수 없다는 것입니다. 저는 짐 콜린스의 《GOOD TO GREAT》라는 책에서 본 내용을 응용하고 싶습니다. 직업을 선택할 때 첫째, 자신이 좋아하는 일, 둘째, 자신이 잘하는 일, 셋째, 돈이 되는 일, 여기에 덧붙여서 넷째, 자신의 철학과 가치관에 적합한 일이라는 이 네 가지 기준으로 판단하라는 조언을 하고 싶습니다. 저는 이 네 가지를 확인하기 위해 회사를 다니면서 블로그를 운영하고 무료 컨설팅을 진행하면서 확신을 얻을 수 있었습니다.

3장

8만 원으로
시작하여
벤츠를
타기까지

01
좋아하는 일을
찾아 배워라

좋아하는 일 vs 잘하는 일

나는 좋아하는 것, 하고 싶은 것, 먹고 싶은 것, 갖고 싶은 것과 같은 기본적인 욕구와 욕망이 많다. 나는 어릴 적부터 내가 좋아하는 것이 명확했다. 좋아하는 것도 많았다. 나는 수시로 하고 싶은 것, 먹고 싶은 것, 가보고 싶은 곳, 갖고 싶은 것에 대해 많이 생각했다. 그리고 내가 원하는 것을 갖기 위해, 좋아하는 일을 하기 위해 노력했다. 노력한 결과 많이 가져보고, 가보고, 먹어보고, 경험해봤다. 그러다 보니 더 좋은 것들에 대한 욕구가 자연스레 더 커졌고, 지금에 이르렀다.

이것은 대단한 것들이 아니다. 내 마음속에서 시키는 일! 그것을 그냥 해보면 된다. 남들 따라 그냥 하루하루 살아지느냐, 아니면 내가 생각하고 계획한 대로 좋아하는 일들을 하면서 살아가느냐의 차이는 간단한 마음가짐에서 비롯된다.

스무 살 무렵 나는 즐겁게 살았지만 고민이 많았다. 지금 보면 작은 고민이지만 그때 힘들었던 이유는 경험의 폭과 깊이가 넓고 깊지 못해서였던 것 같다. 당시 나는 야구라는 스포츠에 완전히 매료되어 있었다.

나는 야구라는 운동을 즐기고 많은 인생 선배들과 만나면서 내 또래의 친구들에게 비해 다양하고 가치 있는 경험을 많이 할 수 있었다. 그리고 무엇보다 야구와 관련된 사업에 관심이 생기고 내가 경험한 많은 것들, 특히 야구용품에 관한 정보를 주위 사람들과 공유할 수 있었다. 당시 나는 체육학을 전공하고 있었는데 대학교에서 비싼 수험료를 내고 공부하는 것보다 좋아하는 야구를 통해 배우는 것이 훨씬 값지다는 것을 많이 느끼면서 학업과 좋아하는 일을 병행했다.

내가 좋아하는 일을 선택한 첫 번째 이유는 자발적인 행동을 가능하게 한다는 것이다. 자발적인 태도의 힘은 실로 놀라웠다. 스스로 호기심과 즐거움을 위해 정말 스펀지처럼 빨아들이는 것을 느낄 수 있었다. 나 역시 그때는 일명 덕후, 즉 야구 마니아였다. 소비자의 입장에서 그들을 진심으로 이해할 수 있는 소비자인 동시에 판매자라고나 할까? 나는 그런 과정을 통해서 많은 것을 보고 느끼고 배우면서 큰 수익을 올릴 수 있었다. 당시 나는 대기업 부장급 이상의 수익을 올리고 있었는데, 내가 이 일에 투자한 시간은 하루 세 시간, 일주일에 고작 3일 정도였다.

좋아하는 일을 선택한 두 번째 이유는 좋아하는 일 자체를 하는 것만으로도 값진 시간을 보낼 수 있기 때문이다. 나는 나에게 질문하고 답하기를 좋아했다. 나는 어릴 적부터 혼자만의 시간을 확보하고자 노력했다. 매일 통학시간에 30분 먼저 집을 나와서 혼자 커피를 마시곤 했는데, 그럴 때마다 내 삶의 목적이 무엇인지에 대해 나에게 물었다.

대부분의 사람들처럼 나 역시 그 질문에 대한 답은 행복해지기 위해서였다. 그런데 행복한 삶이 목적이라고 말하는 많은 이들에게 정말 그렇게 살아가고 있는지 물어보면 쉽게 답하지 못하는 경우가 대부분이다. 우리는 정작 목적과 수단이 뒤바뀐 삶을 사는 경우가 많다. 예를 들어 행복을 향해 바로 가려고 하지 않고, 나중에 돈을 많이 벌어서 가겠다는 경우가 허다하다. 수단에만 집중하는 것이다. 그러다 보면 결국 행복에 도달하는 사람은 많지 않다. 그리고 정작 그곳에 도달한다고 해도 행복을 즐겨보지 못한 사람은 뒤늦게 찾아온 행복에 불안해한다.

그러나 좋아하는 일을 즐기면 그 삶의 여유와 태도가 다시 더 큰 행복을 불러오는 마중물이 되어 되돌아온다. 나는 좋아하는 일을 하면서 그 자체를 즐길 수 있었다. 즐기다 보니 수익과 경험이라는 선물이 자연스럽게 따라왔다. 내가 이러한 과정을 통해 크게 느낀 것은 본질에 집중하는 삶이다. 나는 지금까지도 작지만 강한 창업을 모토로 사업을 하고 있다.

나는 주위 사람들로부터 "작지만 강한 창업을 유지하는 비결이 무엇입니까?"라는 질문을 많이 받는다. 나의 대답은 "본질을 보는 것입니다"이다. 내 업의 본질, 비즈니스의 본질은 교과서에 나오는 이익 창출이 아니다. 그것은 호경기에, 공급보다 수요가 넘치는 시대에나 가능한 이야기다. 지금처럼 불황기에는 다른 해법이 필요한데, 나는 그 해법이 '고객 만족'이라고 생각한다.

고객을 만족시킬 수 있는 가장 중요한 방법은 자신이 진짜 고객이 되는 것이다. 고객을 먼저 만족시키면 그 만족이 지속되는 과정에서 수익이 부가적으로 따라온다. 반면 이익을 먼저 따지다 보면 고객과의 밀당 게임을 즐길 수가 없다. 여러분도 자신이 좋아하는 일을 하면서 그 자체로 즐거움을 즐겨보라. 나머지는 차차 따라올 것이다.

좋아하는 일을 하는 세 번째 이유는, 좋아하는 일을 계속하면 잘하게 되기 때문이다. 많은 사람들이 좋아하는 일과 잘하는 일 사이에서 고민한다. 나의 해답은 좋아하는 일을 즐겁게 지속하라는 것이다. 즐거운 일을 하는 것은 아주 큰 힘이 있다. 그 자체로 즐거움을 느끼면서 지속하다 보면 어느새 그 일에 대한 전문가가 되어 있을 것이다.

꿈이 있는 사람들의 공통점

나는 여러 가지 면에서 운이 좋은 사람이다. 그중 하나는 역시 좋은 스승님들을 통해 성장할 수 있었다는 것이다. 당시 내 주위에는 꿈이 없는 사람들이 대부분이었다. 그들에게 나의 꿈을 이야기하면 부정적인 반응이 많았다. "야, 나도 아는데, 그런 거 힘들어"라는 미지근한 반응이 대부분이었다. 반면에 야구를 통해 만난 꿈이 있는 사람들은 "그렇지! 해봐! 하면 되는 거고 안 하면 안 되는 거야! 그러니까 해봐!"라면서 믿음과 신뢰를 보내며 응원해주었다. 작은 차이지만 그것은 내 인생에 많은 변화를 가져왔다. 지금은 나 역시 꿈이 있는 후배들을 보면 응원해주고 싶고, 그렇게 하고자 노력하고 있다.

내가 만난 꿈이 있는 사람들은 몇 가지 공통점이 있다.

첫째, 타인의 꿈도 믿고 응원해준다. 그들은 내가 나의 계획을 이야기할 때마다 항상 응원을 해주었는데, 그것이 내가 성장하는 데 큰 도움이 되었다.

둘째, 자신이 인생의 주인공이라고 생각한다. 그들은 주도적으로 자신의 삶을 산다. 그들은 주변 상황과 타인의 시선에 집중하는 대신 자신이 할 수 있는 일에 집중한다. 그리고 그 과정을 통해 인생의 즐거움과 가치를 만들어낸다.

셋째, 자신이 자기 인생의 주인공이듯 상대도 그의 인생에서 주인공이라고 생각한다. 그들은 상대 또한 각자의 인생의 주인공임을 인정해주고 그들이 주인공처럼 살 수 있게 도와준다.

이처럼 꿈이 있는 사람들을 만나고 그들과 교류하면서 즐거움을 느끼고 성장할 수 있었던 것은 나에게는 아주 큰 행운이었다. 또한 내가 이렇게 살 수 있었던 이유 중 하나는 나에게 긍정적인 에너지가 있었기 때문이라고 생각한다. 긍정적인 에너지는 바로 좋아하는 일에 대한 나의 마음을 표현하는 것이다. 결국 즐거움을 찾고자 노력하고 그것에 도전했기 때문에 더 즐겁게 배우고 느끼고 성장하고, 좋은 사람들 속에서 영향력을 주고받을 수 있었던 것이다.

02
내 인생의 기회는
내가 만든다

좋아하는 것으로 돈을 벌자

나는 대학교에 입학하면서 내 용돈과 학비를 스스로 벌고 싶다는 생각을 했다. 목표가 확실하면 그 방법은 얼마든지 찾을 수 있다. 나는 어떻게 하면 내 용돈과 학비를 벌 수 있을지 고민하다가 내가 좋아하는 야구 글러브를 판매해보기로 결심했다. 그러자 '어떤 제품을, 어떻게 받아서 어디에, 어떻게 팔아야 할까?'라는 문제에 직면했다.

나는 내가 좋아하는 제품을 남들에게 소개하고 판매해보자는 마음으로 당시 핑카드(Pinckard)라는 미국 브랜드를 수출하던 김선원 사장님을 찾아가 내 생각을 말했다. 진심을 전달하면 되는 아주 간단한 일이었는데, 당시 내 친구들은 어떻게 그렇게 할 수 있냐고 물었다. 그런 부탁을 하는 것이 민망하거나 실례가 될 수도 있지 않느냐는 것이었다. 시간이 흐른 지금도 나는 그때의 이야기를 김선원 사장님과 자주 하는데, 우리는 이렇게 생각한다. '목마른 자가 우물을 파는 것이다.' 나는 우물을 팠던 것뿐이다.

그 뒤로 나는 내 돼지저금통에 모은 8만 원을 가지고 야구 글러브를 사서 15만 원에 판매하고, 다시 그 돈으로 글러브 두 개를 더 사서 판매했다. 주말에는 야구 글러브 스무 개를 받아다 가방에 짊어지고 지하철을 타고 사회인 야구팀이 모이는 운동장을 방문해 제품을 설명하고 명함을 주기 시작했다. 처음에는 노력에 비해 성과가 크지 않았지만 시간이 좀 지나자 사람들에게서 문의가 오고 판매도 되기 시작했다. 그리고 인터넷을 이용해 사용 후기를 솔직하게 적어 올리면서 점점 판매를 늘려갈 수 있었다.

그때 특히 기억나는 것은 많은 사람들이 고객이 되고 친구가 되어 나를 응원해주고 나에게 많은 용기를 주었다는 것이다. 그리고 어느 정도 시간이 흐르자 가만히 있어도 지인의 소개와 구매한 고객의 소개로 점점 더 많은 성과를 낼 수 있었다. 당시 나는 일주일에 2~3일 정도를 동대문에 있는 사무실에 출근해 세 시부터 여섯 시까지 하루 약 세 시간가량 일을 하면서도 대기업 부장급 이상의 수익을 올렸다. 그리고 그렇게 얻은 수익으로 더 많은 제품을 구입해 사용 후기를 올리고 다양한 것들에 대한 호기심을 해결하기 위해 여행을 하고 좋은 사람을 만나는 데 재투자했다.

여기서 얻은 것은 금전적인 이득뿐만이 아니었다. 금전적인 이득은 보너스에 불과했다. 당시에 내가 더 많이 얻고 느낀 것은 세상을 살아가는 태도와 마인드였다.

좋아하는 것으로 인생을 배우자

며칠 전에 내가 사랑하는 친구 같은 후배 조현우 군을 만났다. 그는 《만나는 사람을 바꿔야 인생이 바뀐다》라는 책의 저자이기도 하다. 그는 《4시간》이라는 책이 자신의 인생에서 많은 것을 바꾸었다고 말했다. 그 전까지는 평일에 일하고 휴일에 쉬는 것을 너무도 당연하게 여기며 살아왔는데, 이 책을 보고 그 생각이 깨지면서 충격을 느꼈다는 것이었다.

누구에게나 이런 자극은 필요하고 중요하다. 나는 다행히도 내가 좋아하는 일을 통해서 많은 것을 배울 수 있었다. 나는 좋아하는 일을 하면서 좋은 스승을 많이 만났고 여유가 생길 때마다 여행을 했다. 처음 해외여행을 간 곳은 타이완으로 출장 겸 여행이었는데 그 충격이 나는 너무 즐거웠다.

당시 나는 자신감을 넘어서서 자만심에 빠져 있었는데, 여행이 그 자만심을 많이 수그러들게 하는 계기가 되었다. '나는 잘났다!'는 생각이 '세상에는 잘난 사람이 참 많구나!'로 바뀌었다. 그리고 처음 만난 사람들의 모습을 통해 '호기심은 참 중요한 것이구나'라는 생각을 했다. 나는 그때 느낀 즐거움을 간직하며 지금도 기회가 생길 때마다 수시로 해외 또는 국내로, 혼자서 때로는 누군가와 함께 여행하면서 많은 것을 배우고 느끼고 있다.

세상에는 너무도 많은 것들이 존재하지만 결국 어떻게, 어떤 프리즘으로, 어떤 색을 낀 안경으로 보느냐가 매우 중요하다. 나는 내가 좋아하는 야구를 통해 많은 것을 보고 느끼고 배울 수 있었다. 좋아하는 일을 하고 즐기면서 전문가로서 인정받고 상대가 나를 인정해주니 더욱 큰일을 할 수 있었다. 또한 나보다 먼저 앞서간 사람들로부터 많은 것을 보고 느끼고 배울 수 있는 선순환의 기회가 주어졌다. 그런 기회를 얻을 수 있었던 이유는 매우 간단하고 명확하다. 기회는 내가 만든다고 믿고 행동했기 때문이다.

가볍게 생각하자

나는 주인공으로 살기 위해 노력했다. 나에게 필요한 무엇인가가 있으면 그것을 찾아서 먼저 움직였다. 야구 글러브를 판매해보고자 공급처를 찾아갔고, 좋아하는 이성을 만나기 위해 먼저 찾아갔고, 무엇인가를 배우기 위해 먼저 찾아갔다. 나는 남들의 행동에 신경 쓰기보다 먼저 행동하려고 노력했다. 많은 친구들이 나에게 실패가 두렵지 않았느냐고 질문한다. 하지만 나는 그 질문 자체를 이해할 수가 없다. 거절당하는 것 자체를 실패라고 생각하지 않기 때문이다. 내가 한 것은 실패라고 불릴 만한 거대한 도전이 아니었다.

나는 가볍게 생각하고 움직였다. 거절당해도 잃을 것이 없는 도전이 대부분이었고, 거절당해도 그만이라고 생각했다. 그중에는 거절당한 이후 그래도 하고 싶으면 한 번 더 해보기도 했지만 말이다. 결국 주인공으로 살기 위해 내가 했던 것은 내 위주로 쉽게 생각한 것이다. 내가 나의 마음을 잘 표현하는 것은 '나의 마음'이고, 그것을 수락하거나 거절하는 것은 '상대의 마음'이라는 가벼운 마음으로 내가 하고 싶은 것들을 하고 표현하면서 살았다. 이런 마음가짐으로 나는 내 인생에서 많은 기회를 얻고 만들어갈 수 있었다.

03
위기는 사람을
더 강하게 단련한다

위기는 곧 변화의 기회다

"산이 높으면 골짜기가 깊다."

나의 멘토이신 김선원 사장님께서 해주신 말씀이다. 사실 나는 사장님의 조언을 매우 감사하게 생각했지만, 처음에는 이 말을 가슴속으로 느낄 수는 없었다. 잘될 때에도 위기를 대비해야 한다는 의미였는데, 그 당시 나는 무모한 자신감에 빠져 있었다. 나는 그 조언이 정말 감사했지만 마음속으로는 '나는 앞으로 더 잘될 건데 왜 그러시지?'라는 생각을 더 많이 했다.

아니나 다를까. 곧 위기가 찾아왔다. 여러 가지 요인이 겹쳤지만 어찌되었든 나의 문제였다. 하지만 당시에는 '모두가 힘들겠지! 어쩔 수 없어! 경기가 안 좋은데!'라고 위안하면서 하루하루를 버텼다. 그러다 보니 빚이 어느덧 수억 원대로 불어났다. 나는 위기를 느끼고 열심히 했지만 빚은 더 늘어났다. 나는 나름대로 고민한 끝에 잠시 떨어져서 문제를 보기로 했다. 바둑이나 장기의 훈수꾼처럼 현실을 바라보기로 한 것이다.

그러자 위기의 순간이라는 것을 늦게나마 절실하게 알아챌 수 있었다. 그리고 무엇인가를 바꾸어야 한다는 것을 느끼게 되었다. 그렇게 해서 앞에서 얘기했듯이 중국으로 여행을 떠났다.

위기를 통해 본질을 보자

중국에 도착해 이런저런 일로 시간을 보냈는데 처음에는 계획과는 다르게 아무런 해결책도 찾을 수 없었다. 자고 먹고 놀고 또 먹고 자고 놀기를 반복하다 보니 생체 리듬이 깨지고, 시간만 흘러가고 있었다. 시간이 흐르면서 떠나오기 전에 친구들이 한 말도 생각났다. 대부분은 "아직 정신 못 차렸구나! 그냥 또 여행가고 싶어서지?", "기왕 가는 거 100일 채우고. 쑥이랑 마늘도 같이 챙겨!"라는 내용이었다.

이렇게 지내다 돌아가면 안 되겠다는 생각이 들었다. 하지만 그럴수록 머리는 더 굳어졌다. 그런데 시간이 흐르는 사이 어느 순간 긴장이 풀리면서 부담이 사라지자 자다가도 많은 생각이 튀어나왔다. 그 생각은 대부분 나의 잘못된 현실인식과 마인드 등에 관한 것이었다.

그렇다. 초심이었다. 생각해보면 내가 지금까지 즐겁게 할 수 있었던 이유는 나 자신이 소비자에 가장 가까운 판매자였다는 점이었는데, 시간이 지날수록 나 또한 판매자의 입장으로 바뀌어가고 있었던 것이 가장 큰 문제였다. 생각이 바뀌자 해야 할 일이 생각나기 시작했다. 내가 전문가로서 좋은 제품과 소비자가 원하는 제품의 차이를 이해하지 못하고 있다는 것도 느꼈다.

예를 들어 전문가의 입장에서 '왜 A라는 것을 소비자가 사려고 할까? B라는 제품이 훨씬 좋은 사양으로 만들어진 좋은 제품인데'라는 생각에 B를 권하기도 하고 설명하곤 했었다. 그런데 고객의 입장에서는 그런 모습이 부담으로 다가오기도 하고 'B를 판매해야 더 이득이 되나 보구나'라는 생각이 들 수도 있겠다는 생각이 들었다. 그런 사소한 인식의 차이에서도 많은 부분이 오해가 될 수 있겠다는 것을 느끼고, 고객 중심으로 많은 것을 바꾸기 위해 노력했다.

그런 것들을 느낀 것이 위기에서 얻은 가장 큰 부분이었다. 그렇게 생각하니 바뀌어야 할 부분이 많아졌다. 나는 한국에 돌아가면 해야 할 일을 정리하기 시작했고, 한국에 도착하자마자 내가 작성한 리스트대로 업무를 시작했다. 그리고 그 효과는 빠르게 나타났다. 나는 그 과정을 통해 내 삶과 일에서 항상 여유를 가지고 본질에 다가가면서 항상 스스로를 점검해봐야 한다는 것을 깨달았다.

위기를 통해 새로운 기회를 찾자

나는 소비자의 관점에서 내 매장을 다시 점검했다. 당시 내 매장의 상태는 다음과 같았다.

1. 재고가 많다. 하지만 고객은 살 물건이 없다고 말한다.
2. 위치가 좋다. 하지만 고객이 찾아오기가 힘들다.
3. 전문적인 서비스가 가능하다. 하지만 그것이 부담스러울 수도 있다.
4. 자체 브랜드가 있다. 하지만 한 브랜드의 색이 너무 강하다.
5. 제품 구성의 다양성이 아쉽다.

이에 대해 좀 더 자세히 설명하면 다음과 같다.

1. 재고가 많다. 하지만 고객은 살 물건이 없다고 말한다.

당시 내 매장에는 내가 팔고 싶은 제품은 많지만 고객이 원하는 제품은 많지 않았다. 그 해결책으로 악성 재고를 효과적으로 정리하고 고객이 원하는 상품의 니즈와 원츠를 파악해서 제품 포트폴리오를 재구성했다. 악성 재고라고 생각되면 원가를 무시하고 정리했다.

2. 위치가 좋다. 하지만 고객이 찾아오기가 힘들다.

위치와 상권은 개념이 다른데, 당시 나는 도소매를 겸하다 보니 상권이라는 개념보다는 위치라는 개념에 우선순위를 두고 매장을 차렸다. 매장은 대로변에 있었지만 고객이 찾기 힘들고, 유동인구가 거의 없으며, 지하철역에서도 멀었다. 게다가 주유소 건물 3층에 위치해 아주 안 좋은 상권이었다. 나는 전문적인 소매 위주의 매장을 구축하기 위해 지방에 자리한 소매점을 방문해 의견을 구했다. 그리고 곧바로 새로운 매장을 구해 옮기기로 결정했다.

3. 전문적인 서비스가 가능하다. 하지만 그것이 부담스러울 수도 있다.

남자들은 쇼핑에 대해서 여성과는 다른 패턴을 가지고 있다. 그중 하나는 필요한 것을 골라놓고 사는 경우가 많다는 것이다. 이미 마음속에 정해놓고 매장에 오는 경우가 대부분이다. 즉, 충동구매보다는 인터넷 등에서 찾은 자료를 종합해 모델을 결정하고 매장에서는 그 모델을 확인하는 정도다. 그리고 남자들은 매장 직원의 지나친 관심을 부담스러워하는 편이다.

나 역시 백화점 등에서 쇼핑을 꺼리는 이유 중 하나가 그런 이유 때문이다. 가벼운 마음으로 제품을 보고 있는데 어느새 직원이 다가와 상냥하게 웃으며 "입어보세요", "잘 어울리시네요"라고 말해 부담스러웠던 적이 많았다. 입장을 바꿔서 나 역시 고객에게 그런 태도를 보이지는 않았는지 되짚어봤다.

많은 동종 업체들이 대부분 비슷하게 유통에만 치중한 서비스를 하고 있는 반면에 나는 야구에 대한 경험이 많기 때문에 소비자를 이해한다고 생각했다. 또한 나는 몇몇 브랜드의 제작에 참여하고 나의 브랜드를 론칭하면서 국내외의 유명한 글러브 제작 공장을 다녀본 몇 안 되는 사람이기도 했다.

그러다 보니 좋은 제품과 좋은 제품처럼 보이는 비싼 제품을 구분할 수가 있었는데, 고객이 후자, 즉 좋은 제품처럼 보이는 비싼 제품을 구입하려고 하면 진심 어린 조언을 해드리곤 했다. 하지만 이런 나의 행동조차도 역효과가 날 수 있다는 것을 그제야 알아챌 수 있었다. 그 뒤로 고객과 적정한 거리를 두고 조언을 하고 있다.

4. 자체 브랜드가 있다. 하지만 한 브랜드의 색이 너무 강하다.

당시 내가 운영하던 메인 브랜드는 핑카드(Pinckard)라는 미국 브랜드였다. 나는 이 브랜드로 자리를 잡았는데, 내 매장에 진열된 글러브의 약 80퍼센트가 핑카드의 제품이었다. 사업을 계속하다 보니 10만~25만 원 사이의 가격대에 만족했던 고객이 다시 재구매하는 일이 일어나지 않았다. 제품에 만족한 고객이 우리 매장을 자신의 후배나 동료에게 소개해주고, 정작 자신이 다른 글러브가 필요할 때에는 다른 곳에서 구매했던 것이다.

이때 나를 많이 챙겨주는 형이 나에게 이렇게 조언을 해주었다. "형이 너의 글러브를 정말 만족하면서 사용했는데, 운동을 하면 할수록 더 좋은 수입 브랜드가 가지고 싶더라." 이 말을 나는 이해할 수 있었다. 내가 판매하는 글러브는 명품보다 싸고 나름 품질이 좋다고 말하는 제품에 불과했던 것이다.

결국 나는 관점을 바꾸기로 했다. 한 브랜드의 전문매장이 아니라 편집매장으로 바꾸기로 한 것이다. 세상에 좋은 글러브는 너무나 많다. 나는 잘 팔리는 글러브, 수작업으로 소량 판매하는 프리미

엄 글러브, 다양한 수입 글러브, 가성비 좋은 국내 브랜드 등을 나만의 시각으로 선별해서 판매하기로 했다.

5. 제품 구성의 다양성이 아쉽다.

나는 언제나 공격적으로 배팅을 하는 스타일이었는데, 목적과 목표가 불분명했다. 그래서 투자한 것에 비해 효과가 덜 나왔던 것이다. 나는 내가 할 수 있는 모든 방법을 동원해 다양한 제품을 매장에 준비했다. 그 일은 인테리어도 필요 없고, 감가상각되는 요소도 거의 없기 때문에 모든 여력을 제품에 쏟을 수 있었다. '제품이 곧 인테리어다'라는 생각으로 말이다.

나는 이처럼 위기를 통해 변화의 방향을 잡을 수 있었다. 그때 위기를 통해 얻은 것은 바로 관점을 바꿔야 한다는 것이었다. 소매, 즉 고객을 상대하려면 내 방식으로 고객에게 서비스를 주는 것이 아니라, 고객이 받고 싶은 서비스를 주어야 한다. 고객에게 오고 싶고 구경하고 싶고 친구 같은 매장이 되는 것! 이것이 내가 위기에서 관점을 바꿔 세운 목표였다.

04
여행,
나의 내면을 성장하게 하는 투자

나라는 좁은 우물에서 벗어나자

나의 첫 해외여행은 스무 살에 타이완에 갔던 것이었다. 당시 나는 대학교 1학년이었는데, 여행하면서 많은 것을 보고 느낄 수 있었다. 30대 중반이 되면서 공감하는 말이 있는데, "보고 듣고 경험한 게 전부다"라는 말이다. 타이완에서 보고 듣고 경험한 것은 지금까지도 나에게 신선한 충격으로 남아 있다. 우물 안 개구리가 우물 밖을 처음으로 보았을 때의 느낌이랄까.

당시 나는 자신감을 넘어 자만심이 충만한 시기였다. 그 당시에는 그런 나의 상태를 알지 못했다. 우물 안에서만 살았으니까. 하지만 하늘 위에서, 발아래 있는 세상을 보면서 나의 자만심은 수그러들었고, 세상에는 대단한 사람이 참 많다는 것을 비로소 깨달을 수 있었다.

처음 가본 타이완은 정말 멋졌다. 나는 여행 반 출장 반이라는 생각으로 타이완에 갔는데, 야구 글러브를 생산하는 공장도 여러 곳 있었다. 타이완는 작지만 야구가 발달한 나라였기에 특히 나에게는 보고 배울 점들이 많았다. 첫 여행에서 느낀 것 중 하나는 일단 해보고 가보고 경험해본 다음에 평가든 판단이든 해야 한다는 것이었다.

나는 요즘도 많은 여행을 출장처럼, 출장을 여행처럼 다니면서 살아가고 있다. 나는 처음 타이완에 가서 보고 느끼고 배운 것이 대학 1년간 배운 것보다 더 큰 가치가 있었다고 생각한다. 그때 나는 내가 살고 있는 우물을 벗어나야 한다는 깨달음을 얻었다. 그래서 타이완 여행을 시작으로 꾸준히 여행을 하고 있고, 지속적으로 더 넓은 세상을 보고자 노력하고 있다.

여행은 새로운 친구를 만나는 기회의 장

많은 여행 중 기억나는 여행이 있다. 그중 하나는 처음으로 일본의 오사카에 갔을 때인데, 당시 나는 여러모로 어려움에 직면한 상황이었다. 나는 기분이 좋아서 여유로워질 때와 인생의 어려운 순간에 해결방법을 찾을 때가 가장 많은 것을 보고 배우고 느낄 수 있는 시간이라고 생각한다. 당시 나는 후자의 상황에 처해 있었지만 마음만은 전자의 상황을 유지하고자 노력했다.

나는 오사카에서 야구를 보고 싶었다. 나는 야구의 성지인 고시엔 구장에 가서 야구를 보고, 새로운 거래처를 확인해보겠다는 마음으로 여행을 하던 중에 우연히 찾아간 가게 주인의 소개로 인근에서 멋지게 성장하고 있는 한 야구용품점을 방문하게 되었다.

나는 약도 한 장을 받아들고 무작정 그곳을 찾아갔다. 그곳은 정말 내가 원하던 그런 곳이었다. 고가의 야구 글러브가 여기저기 쌓여 있었고, 엄청난 재고가 잘되는 매장이라는 냄새를 마구 풍기고 있었다. 수십 분간 넋을 놓고 구경하던 중 내가 이곳에 온 이유를 설명해야 한다는 걸 문득 깨달았다. 그런데 정작 나는 일본말을 한마디도 할 줄 몰랐다.

나는 다행히도 나를 이곳에 소개해준 사장님의 메시지가 적힌 메모지와 보디랭귀지로 내가 찾아온 이유를 간단히 설명하고 이야기를 들을 수 있었다. 신기하게도 그날의 대화 중 30퍼센트 정도는 이해할 수 있었다. 이야기를 나누면서 실제로 느낀 일본의 상거래 문화는 우리와는 많이 달랐다. 일본은 상거래의 상도덕이 우리보다 명확하게 잘 지켜지고 있었다.

예를 들어 한국은 어떤 도매처에서 물건을 구매할 때 확실한 사업자가 아니더라도 주문량만 많으면 좋은 가격에 거래할 수 있는 반면에 일본은 사업자가 확실한지를 확인하고 있었다. 또한 처음에 제시한 주문량보다는 지속적인 관계를 유지하면서 좀 더 좋은 조건으로 거래하는 것이 가능했다. 처음 거래할 때 매우 까다롭게 거래를 시작한다는 게 한국과는 많이 다른 점이었다. 다행히도 하늘이 도왔는지 나는 만족스러운 조건에 거래를 시작할 수 있었고, 그 기회를 시작으로 지금까지 약 5년간 관계를 지속하고 있다. 나는 그들과 소중한 친구가 된 것이다.

하지만 당시 나는 많은 현실적인 어려움에 처해 있었다. 당장 자금의 여유가 없었고, 의사소통을 하는 데에도 적지 않은 문제가 있었다. 그래서 우선 다음을 기약하고, 몇 가지 부탁과 약속을 하고 한국으로 돌아왔다. 그 약속은 "지금 한국에 돌아가서 현실적으로 부족하고 필요한 여러 가지를 해결해서 오겠다"는 내용이었다.

나는 한국으로 돌아와 우선 15일 동안 간단한 일본어를 배우기 시작했다. 그리고 일반적으로 자주 쓰는 표현 10가지와 내가 전달하고 싶은 메시지를 공부해서 15일 후에 다시 그곳으로 갔다. 그들에게 나의 메시지를 전달하자 그들은 호감을 보이며 매우 좋아했다. 그들의 신뢰를 얻은 뒤로 지금까지 나는 그들과 가족처럼 지내고 있다.

그렇다면 그들은 왜 내게 호감을 가지게 되었을까?

첫째, 적극적으로 도전했기 때문이다. 당시 나는 돌파구가 필요한 데다 부족한 부분이 많다는 것을 인지하고 있었기 때문에 매우 겸손하고 정중하면서도 확실하게 나의 메시지를 전달할 수 있었다. 그러한 모습이 그들에게 어필한 것이다.

둘째, 작은 약속이 쌓여서 신뢰를 얻었기 때문이다. 일본에 다시 찾아갔을 때 그들은 내가 다시 돌아올 줄 몰랐다고 말했다. 나중에 알게 된 이야기지만, 그들은 그동안 한국에서 다녀간 많은 사람들과 친구들에게 들은 얘기를 통해 한국 사람에 대해 좋지 않은 이미지와 신뢰할 수 없다는 선입견이 있었다. 그래서 약속을 지키지 않았던 다른 한국 사람들처럼 나를 신뢰하지 않았는데, 내가 다시 일본에 와서 그 전에 한 작은 약속을 모두 소중히 여기고 지키는 과정을 보고 신뢰감이 생겼다고 한다.

셋째, 내가 15일 만에 일본어를 공부해서 돌아왔기 때문이다. 일본어를 한마디도 할 줄 모르는 한국 친구가 15일이라는 짧은 시간에 간단한 내용이지만 일본어로 대화하는 것을 보고 진정성을 확인한 것이다.

이처럼 여행은 나에게 있어 항상 새로운 것을 생각하는 기회가 되었고, 새로운 친구를 만들 수 있는 시간이었다. 외부에서 자극을 받고, 내적으로 성장하는 과정이었다.

자신감을 절대 잃지 말자

홀로 중국에 한 달간 여행을 갔을 때의 일이다. 그 전에도 중국에 가본 적이 있지만 그때는 광저우, 베이징, 상해 같은 대도시를 방문했다. 하지만 이때는 불산(포샨)이라는 외진 곳으로 혼자서, 아무런 이유도 없이 간 탓에 많은 분들이 걱정을 하셨다. 중국에서 사업을 하고 있었던 한 사장님은 요즘 분위기도 좋지 않은데 왜 치안이 좋지 않고 가보지도 않은 곳을 여행하려 하느냐고 만류하셨다.

불산은 한 번도 가보겠다고 생각해보지 않은 곳이었고, 가고 싶었던 곳도 아니었다. 그렇기에 오히려 조용히 미지의 세계에서 한 달 정도 잘 지내다 올 수 있을 거라는 생각이 들었다. 나 자신과 충분한 대화를 할 수 있는 장소라고 생각한 것이다. 그 전까지 경험한 중국은 무엇을 상상하든 그 이상이었다. 나의 상식 수준을 벗어난 경험을 많이 한 곳이 중국의 대도시였다. 그래서 중국의 중소도시, 즉 시골은 어떤지 궁금하기도 했고, 작은 걱정과 약간의 두려움과 불안감이 오히려 호기심을 자극했다.

내 주변의 많은 사람들이 걱정한 것은 크게 두 가지였다. 첫째, 치안 문제였다. 나는 어느 곳이나 자신의 안전은 자신이 지킨다고 생각한다. 이는 외국에서도 마찬가지다. 나는 특별한 상황을 제외하면 내 안전은 스스로 지킬 수 있다고 생각했다. 둘째, 언어 문제였다. 하지만 나는 내가 보디랭귀지에 능하다고 믿었기에 그것도 큰 문제가 되지 않았다. 실제로 중국에서 보낸 한 달은 나에게 매우 중요한 시간이었다. 그 여행은 나를 돌아보는 시간이었고, 다시 한 번 자신감을 충전할 수 있는 시간이었다.

나는 한마디도 못하는 중국어 실력으로 중국의 시골을 둘러보았다. 시외버스를 타고 다섯 시간이 넘는 먼 거리를 찾아 돌아다니고, 아무 정보도 없는 그곳에서 주해로 가고, 또 꽁베이 광장을 거쳐 마카오로 넘어가고, 마카오에서 4만 원을 가지고 하룻밤에 200여만 원을 만들고, 그 200만 원으로 하루 반나절을 놀면서 많은 중국 친구들을 사귀었다. 이처럼 여러 가지 재미있는 일들을 통해 나는 어디에 떨어져도, 어떤 위기가 닥쳐도 즐겁게 잘 살 수 있다는 확신을 가지게 되었다.

사람들에게 행복에 관해 묻다 보면 연관되어 나오는 단어 중 하나가 여행이다. 나 또한 여행을 하면서 행복을 느끼고 즐거움을 느끼며 배우고 있다. 삶에는 균형이 중요하다. 일과 행복에도 균형이 필요하다. 나는 여행을 통해 새로운 것에 대한 관심과 호기심을 충족하고 만남과 새로운 자극을 통해 행복을 느끼고 세상을 더 즐겁게 살아가는 힘을 얻고 있다. 지금 당장 어디든 떠나볼 계획을 세워보라. 그리고 실제로 떠나라. 낯선 곳에서 진정한 나, 새로운 나를 만날 수 있을 것이다.

05
하고 싶은 게 있으면
그냥 하라

계획과 실천의 조화

삶에서 성과를 내는 가장 중요한 요소 중 하나는 마음이 시키는 일을 하는 것이다. 하지만 사람들은 좀 더 성공 확률을 높이기 위해 계획을 세우고 실천한다. 그렇다면 계획과 실천 중에서 무엇이 더 중요할까? 나는 두말할 것도 없이 실천이 중요하다고 생각한다. 특히나 20대, 30대라면 더 말할 것도 없다.

군대에 있을 때 우리 소대장의 수첩에는 "치밀한 계획! 재빠른 실천!"이라는 문구가 적혀 있었다. 물론 이것이 가장 이상적이기는 하지만 완벽한 계획은 존재하지 않는다. 나 역시 지금보다 어릴 때에는 계획에 많은 비중을 두었다. 하지만 실행하지 않으면 그 어떤 결과도 나오지 않는다는 사실을 깨달았다. 엄청난 깨달음은 아니지만 나에게는 대단한 것이었다. 지금은 3 대 7로 계획과 실천의 중요도를 생각하고 있다.

많은 사람들이 나에게 전략적으로 일을 진행한다고 말한다. 하지만 사실은 전략적으로 생각한 것이 아니라 생각한 것을 빠르게 실천하고자 노력하고, 그 과정에서 실수를 당연한 것으로 받아들이고, 부족한 부분을 보완하는 것이다.

실제로 해보면 알게 된다

세상의 많은 문제에 정답이 있을까? 나는 아니라고 생각한다. 단지 나만의 해법이 있을 뿐이다. 살아가다 보면 많은 문제를 만나게 되고 그 과정에서 조금 더 좋은 선택을 하다 보면 삶의 노하우가 생긴다. 사람들을 만나다 보면 선택하는 것을 겁내고 두려워한 나머지 아무런 선택도 하지 않고 기회를 흘려버리는 경우가 많아 안타깝다. 세상을 살면서 필요한 많은 것을 선택의 순간에 알게 되는데 말이다.

야구에서 타자가 출루하기 위한 조건은 여러 가지다. 그중 공을 쳐서 안타나 홈런으로 출루하는 방법이 가장 대표적이다. 이 방법으로 출루하기 위한 가장 좋은 태도는 날아오는 공을 보고 내가 갈고닦은 최고의 스윙으로 공을 힘껏 때리겠다는 의지를 갖는 것이다. 이것저것 너무 재다가는 제대로 된 스윙 한번 못하고 기회를 날

려버릴 수가 있다.

이것은 우리 삶에서도 마찬가지다. 훌륭한 홈런 타자일수록 삼진도 많은 법이다. 장종훈, 이승엽 등 우리가 홈런왕으로 기억하는 위협적인 타자들도 수많은 삼진을 당한 삼진왕이었다. 그러나 결국 우리가 기억하는 것은 홈런왕이다. 수많은 삼진 속에서 홈런왕이 탄생하듯이 수많은 실패와 시행착오 속에서 우리도 더 날카로운 스윙을 할 수 있을 거라고 나는 확신한다. 자신을 믿고 과감하게 배트를 휘둘러보라.

자신의 운을 믿고 가볍게 해보자

성공한 사람들은 대개 자신이 이룬 성과를 운이라고 말한다. 유니클로를 창시한 야나이 다다시는 자신의 책《성공은 하루 만에 잊어라》에서 '1승 9패'라는 표현을 사용했다. 우리의 삶이나 비즈니스 세계에서 한 번의 성공이 아홉 번의 실패를 이겨내는 결과가 많다는 의미다.

그런데 그들이 말하는 운을 단지 확률의 문제로만 보아서는 안 된다. 시도한 횟수의 문제로 바라볼 필요가 있다. 즉, 안타를 많이 치기 위해 최대한 많이 휘둘렀던 것으로 말이다. 성공한 사람들은 많이 휘두른 결과 그만큼 많은 기회가 생겼고, 그 많은 기회 중에 성공적인 결과물을 얻게 되었을 때 그것을 운이라고 표현한 것이다. 이것저것 다양하게 해볼수록 그 과정에서 노하우가 생겨 확률이 높아지고, 많이 시도하다 보면 자연스레 좋은 결과가 나오게 마련이다. 자신의 운을 믿고 자신 있게 시도하라. 그것이 내가 이 책에서 강조하는 진짜 내 삶을 사는 방법이다.

06
모르는 것은
인생 선배에게 배워라

만나는 사람이 인생을 바꾼다

나는 그리 길지 않은 인생을 살았지만 믿고 있는 진리가 하나 있다. 사람은 참 변하기 힘든 존재라는 것이다. 하지만 사람도 바뀔 수 있다. 첫째로 만나는 사람을 바꾸고, 둘째로 꾸준히 교육을 받으면 바뀔 수 있다.

첫째로 만나는 사람을 바꿔야 하는 이유는 무엇일까? 현재 자신이 가장 많이 만나는 사람 다섯 명의 평균 연봉이 자신의 연봉이라는 말이 있다. 나의 경우, 직접 확인한 결과 놀라울 정도로 너무 비슷해서 놀랐던 기억이 있다.

우리가 인간(人間)이라고 불리는 이유는 사람과의 관계 속에서 살아가기 때문이다. 그렇기 때문에 좋은 사람과 관계를 맺어야 내가 더 성장할 수 있다.

만나는 사람을 바꿔보라. 매일 만나는 사람끼리 같은 이야기를 반복하지 말고 많은 사람들과 만나면서 다양한 관점을 갖기 위해 노력해보라. 그리고 자신보다 선배에게 더 많은 배움의 기회를 찾고자 노력해보라. 선배라는 개념은 시간적인 개념보다 지식이나 경험적인 개념을 더 우선시해야 한다. 빨리 태어났다고 해서 모두 인생 선배가 아니다. 내 분야의 선배, 더 많고 다양하며 깊이 있는 경험을 한 선배와 자주 어울리려고 노력해보라. 만나는 사람이 당신의 인생을 바꿀 것이다.

둘째로는 교육이 사람을 바꾼다. 최근에는 세상이 매우 빠르게 변하고 있다. 변화에 빠르게 대처하지 못하거나 현상 유지만 한다고 해도 실제로는 빠르게 뒤처지고 있는 것이다. 그 물살에 뒤처지지 않는 유일한 방법이 공부다.

그렇다면 이 두 가지를 해결할 수 있는 것이 무엇일까? 그것은 인생의 선배를 찾아서 만나고 그들에게 배우는 것이다. 이것이야말로 나의 삶에서 아주 효율적인 가치를 만들어낼 수 있는 원동력이었다. 나는 인생의 선배들로부터 많은 것들을 느끼고 배울 기회를 가진 것에 대해 감사하게 생각한다. 하지만 그 행운이 가만히 기다려서 얻어진 것은 아니다. 우연한 첫 만남이 계속 이어져 인연으로 만들어지고 또 믿음과 신뢰를 얻었기에 더 많은 것을 배울 수 있는 기회가 주어졌던 것이다.

천군만마가 되는 지원군을 만들자

김권식 선생님은 내가 고등학교 때 학생주임이자 체육부장 선생님이었다. 선생님은 고등학교 2학년 때 내가 다니던 학교로 오셨는데 말썽꾸러기 같은 나를 잘 이끌어주신 진짜 선생님이었다.

당시 우리 학교는 언제나 교감 선생님이 가장 일찍 학교에 오셨다. 교감 선생님은 항상 제일 먼저 오셔서 교무실 불을 켜고 교내를 한 바퀴 둘러보시는 습관이 있었는데, 학교와 학생에 대한 애정이 매우 강한 분이었다. 그런데 새 학기가 시작되자 김권식 선생님께서 매일 가장 먼저 오셔서 교감 선생님의 일을 대신하셨다. 교감 선생님이 시키지도 않으셨는데 말이다. 하루, 이틀이 아니고 한 학기 내내 그런 일이 반복되었다. 그 과정에서 교감 선생님은 김권식 선생님을 신뢰하게 되었다.

김권식 선생님은 체육을 담당하는 선생님이었다. 인문계 고등학교이다 보니 수능시험 때문에 체육이 다른 과목에 밀리는 듯한 느낌이 강했는데 김권식 선생님은 체육 전공자를 위한 특별 입시반을 만들고 지원을 많이 이끌어내서 체육을 전공하고 싶은 학생들에게 좋은 기회를 제공해주셨다. 학교에서 교장 선생님, 교감 선생님을 비롯한 수많은 선생님들의 지원과 응원을 받으면서 학생들과 하나가 되어서 열심히 노력한 결과, 신생 학교에서 체대 입시반에서 많은 학생들이 서울 수도권 상위 대학에 입학하게 되는 경사를 누리고 우수한 평가를 받을 수 있었다. 그리고 그 중심에는 김권식 선생님이 계셨다.

김권식 선생님의 노력으로 나 또한 많은 혜택을 받았다. 학업성적이 좋지 않고 공부를 좋아하지 않던 내가 선생님 덕분에 정신 차리고 공부한 결과, 서울에 있는 원하는 대학에 입학할 수 있었다. 그리고 선생님을 통해 꿈을 가지게 되었고, 그 꿈을 키워나갈 수 있었다.

선생님이 하신 말씀 중에서 내가 가장 감명 깊게 기억하는 것이 있다. "큰 꿈을 이루기 전에 내 꿈을 지원해줄 수 있는 사람들로부터 마음으로 진심 어린 협조를 이끌어내야 한다"는 것이다. 나는 좋은 스승에게 삶의 태도와 진리를 배울 수 있어서 감사했고, 그 덕분에 지금도 그 말을 실천하며 살아가고 있다.

내 인생에 멘토를 모셔라

누구나 자신의 인생에 지대한 영향을 끼친 사람이 있을 것이다. 나에게는 김선원 사장님이 그런 분이셨다. 열아홉에 만나서 지금까지 그분은 내 인생의 선생님이었고, 사업의 파트너였으며, 협력업체 사장님이었고, 때로는 부모님이었고, 언제나 인생의 친구 같은 분이었으며, 진심으로 나를 응원해주시는 치어리더였다.

김선원 사장님과 함께 경험한 이야기는 글로 쓰면 책 한 권으로도 모자라다. 여기서는 내가 김선원 사장님께 배운 것 세 가지만 이야기하겠다.

첫째, 삶에 대한 관점을 배웠다.

앞에서 이야기했다시피 내가 김선원 사장님을 만난 것은 고등학교 졸업을 앞둔 시점이었다. 지금 생각해보면 대학에 입학하면서 성인으로 첫발을 내딛는 시기였다. 수많은 기대와 흥분은 물론 걱정과 고민 등이 겹칠 수 있는 시기였는데, 나는 김선원 사장님을 만남으로써 나는 성공한 사업가의 마인드와 삶의 방식을 배우는 행운을 얻을 수 있었다.

덕분에 나는 사회의 첫발을 내딛을 때 사업가의 마인드로 시작할 수 있었다. 나는 대학 시절 아르바이트를 하더라도 선택권과 주도권이 있는 일만 찾아 하면서 내가 좋아하는 일, 내가 좋아하는 사람들 속에서 작은 성공의 경험을 쌓을 수 있었다.

둘째, 삶에 대한 책임감과 열정을 배웠다.

김선원 사장님은 성향이 나와 너무도 비슷해 우리는 서로를 존중하면서도 관계를 잘 맺을 수 있었다. 나는 김선원 사장님의 곁에서 많은 것을 보고 배웠다. 그러던 어느 날 김선원 사장님은 건강이 안 좋아졌는데, 대장암 3기 판정을 받았다. 나는 사장님이 수술을 받고, 치료를 받는 과정을 옆에서 지켜보았다.

건강하고 자신감 넘치던 한 남자가 몸이 아파서 힘들었을 때 그 스트레스는 말로 할 수 없었을 것이다. 그럼에도 그는 나에게 그 모든 것을 이겨내는 강인함을 보여주었다. 그 강인함의 원천은 삶에 대한 열정에 있었다. 사장님은 아픈 몸을 이끌고 중국을 수시로 오가면서 여러 가지 일을 처리하는 모습은 건강한 내가 보기에도 정말 대단했다. 그가 자신의 삶에 대한 열정으로 여러 가지 어려움을 이겨내는 모습을 지켜본 후 나는 가슴 깊은 곳에서부터 그를 존경하게 되었다.

셋째, 내 주위의 사람은 내가 만든다는 것을 배웠다.

김선원 사장님은 사장님이 어릴 때 부모님이 돌아가셨다. 그 기분을 나는 정확히 알지는 못하지만 세상이 무너지는 아픔이었다고 자주 말씀하셨다. 이 글을 쓰는 지금도 그 슬픔을 나는 미루어 짐작할 뿐 정확히 느끼지는 못한다. 지금 내가 부모 없이 세상에 홀로 남겨진 상황이라면 기분이 어떨까? 생각해보면 참 캄캄하다.

세상에 홀로 남겨졌다고 믿었던 김선원 사장님은 스스로 강해져야 한다고 결심하고 주위 사람들을 자신의 편으로 만들어야겠다는 생각을 했다고 한다. 나는 주위에 있는 사람들에게 믿음과 지지를 얻어내 진짜 응원군을 만들어야 성공과 행복을 쟁취할 수 있다는 것을 김선원 사장님에게서 배웠다. 김선원 사장님을 알게 된 것은 나에게 큰 행운이었다. 그 인연에 감사드린다.

03

건강이 행복이다

_화이트락 휘트니스 안혁수 대표

화이트락 휘트니스 안혁수 대표는 나의 대학 시절 체육학과 동기이다. 나는 대학 때 이 친구를 보면서 '하나를 해도 뭔가가 다르네?'라는 생각이 들었다. 내가 다양한 것에 관심을 갖고 여러 가지 다른 일들에 눈을 돌린 반면 안혁수 대표는 체육이라는 학문에 집중했다. 이 친구는 체육이라는 것, 몸이라는 것, 건강이라는 것에 더 관심이 많아 대학에 다닐 때부터 졸업한 이후에도 피트니스 업계에서 일하면서 이론과 경험을 두루두루 쌓았다. 안혁수 대표가 이 과정에서 즐거움을 느끼면서 성장하는 것을 나는 옆에서 지켜보았다. 안혁수 대표가 남다를 수 있었던 이유는 바로 자신의 마음을 읽고자 노력했기 때문이다.

그는 자신이 무엇을 좋아하는지 그리고 무엇을 잘할 수 있는지 고민하고 얻은 결과물을 가지고 스스로 확신하고 노력하며 행동하는 친구였다. 이런 과정은 쉬운 것이 아니다. 수많은 시간 동안 자신에게 물어야 그 답을 얻을 수 있다. 안혁수 대표는 자신의 마음을 읽고자 노력하고 행동한 결과, 현재 화이트락 휘트니스라는 새로운 형태의 피트니스 비즈니스 모델을 만들어가고 있다.

Q: 왜 피트니스를 시작했나요?

저는 체육학을 전공해서 운동을 접하기 쉬운 환경이었어요. 저는 운동이 참 좋았어요. 저는 살아가면서 제가 좋아하고 잘하는 일을 해야 한다고 생각했는데, 그게 저에게는 피트니스였어요. 시간을 가지고 진지하게 고민을 거듭하던 어느 날 노트에 내가 좋아하는 것들을 적어보았어요. 피트니스, 사람, 가르치는 것, 대화, 미술, 만들기, 공부 등을 적다가 그중에서 저에게 가장 경쟁력 있는 것이 무엇인지를 다시 고민했어요. 그 과정에서 미술, 만들기 등은 제외했어요. 저는 만드는 것을 좋아하기는 하지만 창의적인 것은 저에게 잘 안 맞는 것 같더라고요. 결과적으로 운동(피트니스), 공부, 사람, 가르치는 것 등이 남은 걸 보고 '아하, 딱이다!'라고 생각했어요.

저는 '피트니스를 하면서 좋은 운동법을 연구해서 나도 건강해지고 내 주위의 사람들도 건강하게 만들어야지. 그리고 꾸준히 공부해서 멋진 피트니스 사업을 해야지'라는 생각을 했습니다. 그런 생각이 들자 많은 친구들이 큰 의미 없이 보내는 대학 시절에도 학문적으로 배울 것이 많이 보였습니다. 저는 그것을 바탕으로 아르바이트를 하고 자격증을 따고 저의 꿈을 향해 질주하기 시작했어요. 이론과 실전을 두루두루 경험해보니 출혈경쟁이 심해서 어렵다는 피트니스 시장에서 저만의 포지션을 잡고 할 수 있겠다는 확신이 들어서 화이트락 휘트니스를 차리고 스스로 독립했습니다.

중요한 것은 이것입니다. 좋아하는 여러 분야 중에서 저는 제가 잘할 수 있는 것을 찾고자 노력했고, 그것을 찾은 다음에는 그것에 집중해서 노력했습니다. 그것이 지금 제가 하는 화이트락 휘트니스라는 결과물입니다. 그리고 저는 지금부터 더 노력해야 합니다.

Q: 어려운 점은 없었습니까?

글쎄요. 남들이 걱정하는 것처럼 큰 어려움은 사실 없었어요. 저는 지금의 화이트락 휘트니스를 준비하면서 많은 경험을 쌓았다고 생각했고, 그 과정에서 확신을 가질 수 있었거든요. 많은 분들이 자신의 시각에서 저에게 이런저런 조언을 해줬어요. 제가 걱정되었나 봐요. 제 주위에서는 요즘 경기도 안 좋고 경쟁이 치열해서 망할 것이라는 이야기가 많았는데, 저는 자신이 있었어요. 제가 추구하는 화이트락 휘트니스가 고가의 개인 PT(퍼스널 트레이닝) 시장과 저가의 피트니스 시장의 중심부에 위치한 넓은 포지션을 잡을 수 있는 해결책이라고 확신했어요.

즉, 그룹 피트니스 프로그램을 만들어서 개인 PT의 가격을 낮추고, 팀으로 함께 운동하면 효율을 배가할 수 있다고 판단했어요. 그리고 이것이 화이트락 휘트니스의 차별화된 강점이 되어서 불경기도 이겨낼 수 있다고 생각했어요. 어려움이라면 새로운 형태의 피트니스 클럽이기에 이것을 알리는 것과 내부에서 함께 일하는 직원들을 교육하는 것이었어요. 그리고 이것은 지금도 현재진행형입니다.

하지만 위의 두 가지 모두 그리 큰 어려움이라고 생각하지는 않아요. 그냥 겪어야 할 자연스러운 과정이라고 생각해요. 처음에 일시적으로는 힘들 수 있어도 잘 이겨낼 수 있다고 확신합니다.

Q: 위에서 말한 어려움에 대한 해결책은 무엇인가요?

대부분의 문제는 제 안에 있는 것 같아요. 불안함과 조바심 같은 것들이죠. 사실 남들의 평가는 별로 중요하지 않아요. 부정적인 조언 중 대부분은 이 일을 잘 모르는 사람들의 조언이었어요. 같은 업계에 종사하던 선배들의 조언도 있었는데 사실 그 조언을 해주는 선배들의 현재의 모습이 그런 조언에 대한 신뢰를 더 잃게 하기도 했거든요.

제 일에 대해 가장 잘 아는 사람은 바로 제 자신이라고 생각해요. 제가 고민하고 생각하고 얻은 확신으로 노력하는 것이 가장 중요한 해결책이라고 생각하고 수년간 피트니스 업계에 있으면서 생각하고 고민하다 결국 시작했습니다. 어떤 일에든 틈새시장이 존재하고, 또 이 일은 제가 잘할 수 있는 일이고 좋아하는 일이니까요.

그냥 제 자신을 믿고 열심히 즐기면서 해야 한다는 게 제 첫 번째 해결책이고, 그렇게 해오다 보니 지금까지 사업을 안정화하면서 성장할 수 있었습니다. 지금도 저는 제 자신에게 묻고 충분히 생각한 다음 확신이 생기면 열심히 하는 것이 가장 좋은 해결책이라고 생각합니다.

그리고 두 번째는 현실적인 문제인데 새로운 시스템의 피트니스를 만들려다 보니 고객을 설득하기가 쉽지 않았어요. 저가 시스템과 고가의 개인 PT 시장에서 고민하던 고객에게 그룹형 피트니스를 받아들이도록 하기가 처음에는 좀 어려웠어요. 하지만 저는 가격파괴 같은 일시적 마케팅으로는 승부가 날 거라고 생각하지 않았기에 외부 마케팅을 하지 않고 고객 한 사람, 한 사람에게 집중하는 전략을 펼쳤는데 이것이 효과적이었어요.

저희 화이트락 휘트니스는 혼자 오는 고객들보다 친구나 가족과 함께 오는 경우가 많고 재가입률도 상당히 높은 편입니다. 이렇게 할 수 있었던 것은 전문성을 키워 고객에게 만족감을 주고 그것을 바탕으로 고객관리를 잘하다 보니 고객들이 효율적인 운동 프로그램이라는 것을 느끼고 주위에 적극적으로 홍보하기 시작했기 때문이에요. 저희는 이런 과정으로 광고 없이 회원을 유치할 수 있었습니다.

그리고 세 번째는 내부 직원에 대한 문제인데, 저는 경험이 많은 반면 새로운 것을 받아들이기 힘들어하는 경력이 많은 직원보다 경험은 부족하지만 젊고 긍정적인 친구들을 선별해서 우리의 철학을 함께 공유하고 있습니다. 그러다 보니 고객의 반응도 좋고 직원들도 비전을 가지고 열정적으로 배우면서 일하고 있어서 보람이 있어요.

저는 일이라는 것은 어려움을 해결하는 과정이라고 생각합니다. 어려움이 있으면 해결하면서 성장하면 되기 때문에 그 어려움을 두려워할 필요는 없다고 생각합니다.

Q: 마지막으로 하고 싶은 이야기는 무엇인가요?

저는 '좋아하는 일 vs 잘하는 일'에 대한 많은 생각을 했습니다. 그런데 이 두 가지는 서로 대립관계가 아니라는 거예요. 많은 사람들이 이 둘 사이에서 고민하는데 저는 좋아하는 일 중에서 더욱 잘

할 수 있는 일을 찾아보고 그렇게 찾은 일을 간접적으로라도 경험해보라고 이야기하고 싶어요. 예를 들어 저는 피트니스 쪽에 관심을 가지고 대학교 때부터 아르바이트를 했어요. 그 경험을 바탕으로 여러 가지를 배우고 느끼면서 검증하는 기회를 가질 수 있었어요.

저는 제 생각에 확신을 가지고 저의 미래를 그리고 노력하다 보면 충분히 해낼 수 있겠다는 생각이 들었고, 그 과정에서 즐거울 수 있겠다는 확신을 얻었어요. 저는 '모든 것을 거는 도전의 의미로 해봐!', '그까짓 거, 아무것도 아니야!'라는 이야기보다는 편안한 마음으로 경험해보고 생각해보라는 이야기를 해주고 싶어요.

만약 그 정도도 시작할 수 없으면 그것은 좋아하는 일도 아니니까 더 진지하게 고민해봤으면 좋겠어요. 안정되어 보이는 것이 실제로는 가장 안정적이지 않은데 여전히 많은 분들이 안정적인 것을 찾아서 안주하는 것 같아요. 저는 무엇인가 값진 것을 얻고자 한다면 그에 상응하는 시도가 있어야 한다고 생각합니다. 자기 자신의 내면에 귀 기울이고 그렇게 얻은 무엇인가에 진심으로 달려가보세요!

4장

나 자신에게
도전하라

01
인생역전,
복권 말고 자신에게 걸어라

가장 효율적인 투자는 나 자신이다

요즘 재테크가 붐이다. 좋은 재테크로 무엇이 있을까? 주식, 부동산, 적금, 보험 등 다양한 재테크 수단이 있는데, 이러한 것들이 앞으로도 효율적인 투자처일까? 많은 전문가들이 앞으로 우리가 살아갈 시대는 지금까지 살아왔던 시대와는 많이 다를 거라고 이야기한다. 고성장 시대에서 저성장 시대로 간다고도 하고, 알파고 같은 인공지능이 많은 사람들의 일자리를 빼앗고 일본의 장기불황을 따라갈 거라고 예측하기도 한다. 예전처럼 고도성장기 때에는 남들을 따라하기만 해도 성장할 수 있었지만, 앞으로는 요원한 일이 될 가능성이 크다.

그렇다면 현재 없어지는 일자리 문제가 자신과는 상관없는 일이라고 큰소리칠 수 있는 사람이 과연 얼마나 있을까? 지금까지 살아오면서 필요한 자질과 앞으로 살아가면서 필요한 자질이 앞으로는 많이 달라질 수밖에 없다. 따라서 우리는 지금을 살면서 미래를 준비해야 한다. 지금 살아가는 모습은 과거 자신이 살아온 인생의 결과물이고, 현재 우리가 살아가는 방식이 미래의 자신의 삶을 결정할 것이다. 우리가 더 나은 사람이 되고자 노력하고, 자신에게 투자해야 하는 이유가 바로 여기에 있다.

그렇다면 나 자신에게 어떤 투자를 해야 할까?

내적 성장을 가져오는 여행을 즐기자

나는 여행을 많이 다녔다. 그럼에도 계속 가는 이유가 있다. 가보니까 좋아서 계속 가는 거다. 나의 첫 해외여행은 대학교 1학년 때였다. 우연한 기회에 타이완이라는 곳에 가게 되었는데. 그때의 충격은 이루 말할 수 없었다. 대학생활 1년 동안 얻은 것보다 그 3박 4일 동안 얻은 배움이 훨씬 컸다.

그 당시에 나는 나 자신이 상당히 잘났다고 생각했다. 상당히 건방졌던 것이다. 그런데 비행기 안에서 아래를 내려다본 순간 그 거대한 빌딩을 비롯한 인간세상이 미니어처처럼 작게 보이면서 나 자신 또한 얼마나 작은 사람인가 하는 생각이 들었다. 그후 수시로 구실을 만들어서 여행을 다녔다. 지금도 한 달에 최소한 한 번씩은 여행을 가고 있다.

내가 여행을 추천하는 이유는 여러 가지가 있지만, 여행을 하면 우선 계획성이 생기기 때문이다. 한정된 시간에 한정된 돈으로 여러 가지 미션을 수행하려면 계획이 필요하다. 실제로 여행은 내가 삶과 비즈니스에 대한 계획을 세우는 데 아주 큰 도움이 되었다.

여행을 하면 얻을 수 있는 두 번째는 새로운 것을 보고 느낄 수 있다는 것이다. 사람에게 가장 필요한 것이 무엇일까? 한 가지로 말하기는 어렵지만 굳이 말하라면 나는 새로운 자극이라고 생각한다. 혹시 매일 똑같은 일상을 반복하기 때문에 성과가 적은 것은 아닐까? 열심히 하는 것도 중요하지만 한번쯤 생각을 바꿔서 다르게 해보는 것은 어떨까?

작고하신 구본형 선생의《익숙한 것과의 결별》이라는 책이 있다. 참 멋진 제목이다. 내가 처음 이 책을 본 것은 꽤 오래전이다. 익숙한 것과 결별을 하는 데에는 여행이 참 좋다. 여행을 통해 새로운 것을 경험하고, 느끼고, 생각하다 보면 매일 다른 일상을 살면서 여러 가지를 경험할 수 있다. 그야말로 다양한 것을 보고 배우기에 여행은 최고라고 할 수 있다.

우리의 뇌는 새로운 자극이 들어올 때 활발해진다는 연구결과가 있다. 나는 실제로 그렇다는 것을 느낀다. 여행하면서 새로운 사람들을 만나고 새로운 것을 경험하다 보면 정말 많은 생각을 하게 된다. 새로운 생각이 꼬리에 꼬리를 물고 계속 이어진다. 그러다 보면 유익한 생각이 계속 쌓인다.

나 역시 여행을 많이 하고 그 속에서 다양한 생각을 많이 했다. 나는 그것이 원동력이 되어 계속 선순환을 할 수 있었고, 더욱 효율을 높여주었다고 생각한다. 여행을 하면 새로운 나, 정신적으로 성장한 나를 만날 수 있다.

세 번째, 여행은 사람을 참 행복하게 한다. 여행을 하다 보면 몸과 마음이 행복하다. 그런데 많은 사람들이 여행을 꿈꾸면서도 정작 쉽게 떠나지는 못하는 것 같다. 과연 우리 인생의 목적은 뭘까? 일은 왜 하는가? 돈은 왜 벌어야 할까? 모두 행복하게 살기 위해서 아닌가? 지금 행복한 사람이 나중에도 행복할 수 있다. 행복은 현재를 저당잡힌 채 10년 뒤, 20년 뒤에 만기적금처럼 타서 쓰는 적금이 아니다. 행복을 뒤로 미루기보다는 오늘 행복하고 그 행복의 에너지로 내일을 살아야 한다. 여행은 지금 자기 자신에게 주는 최고의 선물이다. 그 선물을 받고 어찌 행복하지 않겠는가.

혼자 있는 시간의 힘

요즘 사람들은 모두들 너무 바쁘게 사는 것 같다. "바쁘다"라는 말을 입에 달고 사는 사람들이 주위에 많다.

내가 여러 가지 문제로 조바심을 내면서 힘든 시기를 겪고 있을 때 내가 존경하는 스승님이 해주신 이야기가 기억난다. 급류에 휘말린 나뭇잎 위에 개미 한 마리가 타고 있었다. 그 개미는 안절부절 못하고 '이러다가 물에 빠지는 것은 아닐까?', '이러다가 벽에 부딪

히는 것은 아닐까?' 고민하다가 심장마비로 죽었다고 한다. 여유 있게 차분히 상황을 지켜보았다면 머지않아 하류로 내려가서 평화롭고 잔잔한 물살을 만나게 될 텐데 초조하고 급한 나머지 자신이 해야 할 일을 하지 못하고 결과적으로 나쁜 결과를 얻은 사례라고 할 수 있다. 조금 더 여유 있게 자신이 할 수 있는 일에 집중했다면 그 개미는 온 힘을 다해서 마지막 급류에 대처하려고 노력했을 것이다. 그리고 혼신의 힘을 다해 버텨서 평화로운 하류에 무사히 도착했을 것이다.

당신도 이와 비슷한 경험을 해본 적이 있을 것이다. 조바심만 내다가 결국 한 것도 없이 시간만 흘려보낸 순간 말이다. 여유를 가지고 상황을 마주하는 것은 아주 중요하다. 어떻게 하면 그렇게 할 수 있을까? 나는 혼자만의 여유 있는 시간을 자주 가져보라고 말하고 싶다. 특히 아침에 혼자서 즐기는 커피 한잔을 권하고 싶다. 나는 매일 아침 15분 동안 커피를 마시면서 하루를 계획한다. 하루 24시간, 하루 1,440분 중 1퍼센트만이라도 자신의 인생과 오늘 하루를 계획하는 데 사용한다면 훗날 자신의 인생에 분명히 큰 차이를 가져다줄 것이다.

배워야 살 수 있다

지금까지 우리가 살아온 시대는 자신이 선택한 한 가지만 열심히 공부하면 10년 이상은 먹고살 수 있었다. 지금은 어떨까? 그리고 앞으로는? 이런 질문에 쉽지 않을 거라는 생각을 하는 것은 나뿐만이 아닐 것이다. 굳이 설명하지 않아도 주위를 둘러보면 금방 알 수 있다. 지금은 전에 비해 의사들도 차고 넘치고, 고소득 전문직종의 대표라는 변호사들도 예전 같지 않다고 한다.

법률적인 문제 중 간단한 것은 굳이 비싼 변호사에게 상담받지 않아도 온라인으로 쉽고 빠르고 저렴하게 해결할 수 있다. 소수의 전유물이던 전문지식조차도 이제는 모두가 쉽게 접근할 수 있을 만큼 널리 퍼졌다는 방증이다. 또한 지금 가치 있는 것으로 여겨지는 지식이 다가올 미래에는 전혀 쓸모없는 지식이 될 수도 있다.

우리는 끊임없이 계속 배워야 한다. 평생학습 시대에 맞게 우리는 이 과정을 무한 반복해야 할 것이다. 지금부터의 삶은 지금까지의 삶과는 매우 다르게 변화하고 있다. 지금의 내 삶은 과거 내 삶의 결과물이다. 반대로 생각해보면 내가 지금 살아가는 과정이 미래의 내 삶을 결정할 수 있다는 말이다. 아직 늦지 않았다. 지금부터 배우면 충분히 미래를 밝게 그릴 수 있다.

그런데 무엇을 어떻게 배워야 할까? 자신이 좋아하는 것, 관심 있는 것부터 먼저 공부하면 된다. 그리고 자신의 미래에 필요할 것 같다고 느끼는 것도 배워야 한다. 배우다 보면 답이 나오게 마련이다. 어떤 경우는 '이건 괜히 배웠네'라는 생각이 드는 것도 있을 것이다. 그런데 그것도 해봤으니까 알 수 있는 거다. 세상에 가치 없는 경험은 없다. 가치가 없다고 미리 판단해버리는 것이 문제일 뿐이다. 그렇게 배우다 보면 점점 더 알게 되고 좀 더 알게 되면 생각하고 판단하는 과정에서 그다음 단계를 밟아가는 데 필요한 많은 것이 변하는 것을 알 수 있다.

배움과 교육을 가격 대비 얼마만큼의 효과가 있는지의 측면에서 보는 사람도 있다. 그런데 교육은 그렇게 생각할 필요가 없다. 배움은 1,000원을 넣으면 그에 상응하는 음료수가 튀어나오는 자판기가 아니다. 그렇게 조바심 가질 필요가 없다. 내가 배운 지식이 다양한 경험이나 생각과 잘 섞이면 머지않아 황금알을 낳는 거위가 될 것이기 때문이다. 자신에게 시간과 비용을 투자해보자. 그러면 분명히 확실한 보답으로 돌아올 것이다.

자신의 인생을 경영하라

살아가는 데 있어서 마인드는 매우 중요하다. 점점 더 많은 경험을 하고 다양한 사람을 만날수록 하나를 보면 열을 알게 된다. 마인드를 보면 나머지 부분도 예상이 가능하다.

많은 사람들이 회사에 고용되어 월급을 받으며 다니고 있다. 비록 생활을 위해 회사에 고용되어 있더라도 자신의 인생까지 고용되어서는 안 된다. 자기 삶의 주인은 자기 자신이기 때문이다. 자신의 인생에서만큼은 책임감과 주도권을 가지고 스스로를 경영해야 한다. 자신을 경영한다고 생각하면 많은 것들이 달라진다.

비용과 투자의 개념에서도 마찬가지다. 나 같은 경우에는 비용과 투자의 개념이 확실한 편이다. 커피 한잔을 예로 들어보자. 커피 한잔 가격이 3,500원이라고 했을 때 커피 한잔의 가격을 한 달 동안 아끼면 대략 한 달에 10만 원을 아낄 수 있다. 이것은 비용의 개념이다. 그런데 내 삶을 경영한다는 관점으로 보면 그것은 좋은 투자가 된다. 하루 3,500원, 한 달 10만 원의 투자로 훨씬 가치 있는 삶을 살 수 있는 것이다. 나는 이 힘을 아주 크게 믿고 그것을 몸소 증명하면서 살아왔다.

그렇다면 하루에 일정한 시간과 맛있는 커피 한잔의 여유를 즐길 수 있는 투자금 3,500원으로 얼마나 가치 있는 성과를 낼 수 있을까? 그것은 자기 자신에게 달려 있다. 내가 유심히 본 책인 리처드 템플러의《부의 잠언》에는 이런 글이 있다.

"한 푼이라도 아껴야 잘 산다? 과연 그럴까? 작은 경제로는 부자가 될 수 없다. 작은 경제는 부자가 되기는커녕 불만만 키울 뿐이다. 하루를 불만으로 시작하는 것은 결코 좋은 방법이 아니다. 우리에게는 만족스러운 아침 식탁과 긍정적인 태도가 필요하다. 매일 마시던 커피를 끊는 것은 몸무게를 줄이고 카페인 섭취를 줄이는 데에는 도움이 될지 몰라도 당신을 부자로 만들어주지는 않을 것이다. 오히려 즐거움 한 가지를 빼앗긴 기분만 안길 것이다."

당신은 어떻게 생각하는가? 한때 화제가 된 얘기지만 우리는 개, 돼지가 아니다. 우리는 남이 주는 대로 먹고 시키는 대로 일하는 그런 동물이 아니라 감정을 가지고 자신이 계획하고 생각하는 존재이다. 좋은 투자가 좋은 결과를 낼 수 있다. 자신을 경영자라고 생각하고 자신에게 좋은 투자를 하기 바란다. 모든 것을 비용이라고 생각하면 인생에서 많은 즐거움이 사라진다. 즐거움이 없는 인생은 악순환을 불러온다. 아껴 쓴다는 개념보다는 적절한 투자로 더 많은 성과를 얻는 것이 더욱 현명한 방법이다.

02
즐겁고 행복하지 않다면
성공이 아니다

인생의 궁극적인 목적은 행복이다

요즘 정말 살기 힘들다는 소리를 많이 듣는다. 좋은 일자리는 없고, 경제는 점점 안 좋아지고, 경쟁은 더 치열해지고 있다. 그래서 많은 사람들이 취업을 포기하고 결혼을 포기한다. 이것저것 다 포기한다고 해서 3포 세대에서 5포 세대를 넘어 지금은 7포 세대에까지 이르렀다고 말한다. 주위를 둘러보면 세상 살기 참 힘들다는 생각이 든다. 그런데 그렇다고 해서 모두 포기하는 것은 옳지 않다. 주위 여건이 아무리 힘들어도 자기 자신만 똑바로 하다 보면 길은 반드시 있다.

우리가 열심히 사는 이유는 뭘까? 왜 열심히 일하고, 돈을 벌려고 하고, 그렇게 뛰어가는 것일까? 한 번뿐인 인생 행복하게 살려고 그러는 거 아닐까? 우리가 하는 모든 것은 행복한 인생을 살고자 노력하는 행동이라고 할 수 있다. 그런데 지금 우리가 하는 일들이 행복에 직접적인 연관이 있는 일들인가? 너무 열심히 일만 하고 있지는 않은가?

나는 참 행복한 사람이다. 그렇다면 태어날 때부터 행복한 사람으로 태어난 걸까? 나는 행복은 마음먹기에 달렸다고 생각한다. 행복하려면 행복하기로 마음먹어야 한다. 그러면 행복할 수 있는 방법을 생각하게 된다. 그것이 인간만이 지닌 힘이다.

우리에게는 모두 직업을 선택할 수 있는 자유가 있다. 평양 감사도 제가 하기 싫으면 그만이다. 지금 자신이 원하지 않는 일을 하고 있다고 말하는 사람도 있을 것이다. 그러나 거듭 말하지만 지금 자신의 모습은 과거 자신의 행동과 선택에 대한 결과이다.

나 역시 그랬다. 나는 내가 좋아하는 일을 하고 싶었고 그래야 행복하다고 생각했다. 많은 사람들이 좋아하는 일은 절대 직업으로 삼지 말라고 말한다. 왜 좋아하는 일을 직업으로 삼지 말라는 걸까? 좋아하던 일을 시작해서 잘 안 풀리면 일도 안 되고 좋아하는 일도 잃을 수 있기 때문일까? 그런데 나는 이 말에 동의하지 않는다.

내가 만난 많은 사람들이 실제로 자기가 좋아하는 일을 하면서 좋은 사람들을 만나고 그 과정에서 성장하고 배우고 더 큰 즐거움을 나누고 있다. 이 과정에서 실패하는 사람들을 보면 좋아하는 일을 직업으로 선택한 것이 문제가 아니라 변화하지 못한 것이 문제

라는 생각이 든다. 어떤 일을 선택하다 보면 분명 정체기가 생기는
데 그것은 당연한 과정이다. 아무리 맛있는 짜장면도 삼시 세끼 먹
다 보면 질리는 법이다. 좋아하는 일이라고 그러지 말라는 법이 있
겠는가. 그럴 때 더 공부하고 노력해야 하는데 그 과정이 부족한 경
우가 대부분이다.

우리의 인생에서 확실히 허락된 날은 오직 오늘뿐이다. 과거는
다시 오지 않고, 미래는 나에게 허락되지 않을 수도 있다. 오늘이 마
지막 날인 것처럼 생각하고, 계획하고, 실천해보기 바란다. 그러면
더욱 값진 일을 하게 될 것이고, 그런 하루하루가 쌓이면 더욱 값진
인생, 행복한 인생이 될 것이다.

행복을 가져다준 것들에 몰입하자

나는 어릴 적부터 운동을 좋아했다. 그중에서도 특히 야구광이
었다. 나는 야구선수가 너무 되고 싶을 만큼 야구가 좋았다. 여러
가지 사정으로 야구선수가 되지는 못했지만 대신 취미 삼아 야구
를 즐기곤 했다. 최근에 어떤 연구결과를 봤는데 상당히 공감이 가
는 내용이 있었다. 관심을 가지면 좋아하게 될 가능성이 크고, 그것
을 잘할 가능성이 크다는 내용이었다. 타이거 우즈도 마찬가지였다.
나 역시 그랬다.

야구에 광적인 관심을 가지면서 나는 남들보다 더 깊이 보고 생
각하게 되었다. 그냥 딱 봐도 알아챌 수 있었다. TV에서 어렴풋이

프로야구 선수만 봐도 그가 신는 신발이며 글러브 등이 너무 잘 보였다. 같이 본 친구들은 어떻게 바로 알 수 있느냐고 물었지만 나는 그걸 못 보는 친구들이 더 이상하게 느껴질 정도였다.

학교를 졸업하고 용돈을 모아서 평소에 관심 있었던 야구용품을 사고 나니 야구에 관한 관심이 더욱 커졌다. 그리고 그것을 시작으로 여기까지 오게 되었다. 나는 지금까지 일을 해본 적이 별로 없다. 그냥 좋아하는 것을 보고 만지고 논 게 전부다. 인생을 놀이처럼 살았다. 못 믿겠지만 사실이다.

또한 나는 내가 알고 경험한 것을 다른 사람에게 말하고 설명하는 것을 좋아했다. 그렇게 내가 보고 느낀 제품에 대한 생각을 나누고, 상대의 이야기를 듣다 보면 거기서 얻어지는 것이 있었다. 살면서 이런 선순환의 고리를 만드는 것은 매우 중요하다.

게임의 룰을 바꾸자

나는 게임을 할 때 가장 중요한 것이 두 가지가 있다고 생각한다. 첫째, 그 게임의 룰을 이해하는 것이다. 다음으로 둘째, 그 게임을 즐겨야 한다는 것이다. 나는 인생을 게임이나 즐거운 놀이라고 생각한다. 그러면 게임의 룰은 인생에서 아주 중요한 요소가 된다. 그런데 많은 사람들이 인생을 게임이라고 생각하지 않고 너무 열심히만 사는 것 같다. 나는 이것이 인생에서 성취감을 느끼지 못하는 이유라고 생각한다.

블루마블 게임을 하거나 고스톱을 친다고 가정해보자. 게임을 이해한 사람과 이해하지 못한 사람의 차이는 매우 크다. 그렇다면 지금 우리가 살고 있는 자본주의에서 게임의 룰은 뭘까? 나는 이 게임은 자본이 많은 사람에게 유리하다고 생각한다. 그런데 자본의 가치에는 물질적인 것은 물론 자신이 가지고 있는 잠재적 가치도 포함된다.

많은 이들이 항상 남들이 만들어놓은 획일적인 게임의 룰에 따라 인생을 살아가고 있다. 그런 예로는 무엇이 있을까? 공부를 열심히 해야 하고, 좋은 회사에 들어가야 하고, 토익과 토플은 몇 점 이상을 받아야 하고, 안정적인 직장을 찾는 것 등이 여기에 속한다. 그러다 보니 이런 획일적인 게임의 룰 속에 자신을 가둔 채 새로 경쟁한다.

많은 미래학자들이 앞으로는 더 어려운 시기가 올 거라고 말한다. 역사상 가장 많은 교육을 받은 사람들이 한정된 일자리를 두고 경쟁할 것이고, 여러 가지 이유로 불황을 겪을 수밖에 없다. 획일화된 게임의 룰만 따르다가는 행복한 인생을 살기에는 많은 어려움이 예상되는 이유가 여기에 있다.

그럼 어떻게 해야 할까? 게임의 룰을 '얼마나 행복한가'로 바꾸어야 한다. 이것저것 남들과 비교하면서 절망하고 기분 나빠 하지 말라. 남들과 비교하다 보면 무기력증에 빠질 수밖에 없다. 많은 이들이 자기보다 잘되는 사람들과 자신을 비교하며 살고 있다. 그런데 그게 과연 행복일까? 그 친구들은 행복할까? 그렇게 살다 보면 진

정한 행복을 잊고 살 수밖에 없다. 자기가 가진 것이나 자신에게 집
중하지 못하고, 남과 비교하는 게임에 집중하게 된다. 지금부터라도
자기 자신에게 집중하고, 자기 인생의 게임의 룰을 자신이 행복하게
사는 것이라는 마음을 가져보라. 간단한 마인드의 차이, 인생을 보
는 관점의 차이가 행복을 부르는 마법의 주문이 될 것이다.

행복에 우선순위를 두자

내가 어떻게 행복하게 살 수 있었는지 곰곰이 생각해본 적이 있
다. 심도 있게 고민한 결과 행복은 선택의 문제라는 생각이 들었다.
나는 행복해지는 것을 선택했던 것이다. 모두들 행복을 꿈꾼다. 그
런데 딱 거기까지다. 행복해지기 위한 어떤 행동도 하지 않는 경우
가 대부분이다. 그냥 열심히 하는 것으로는 행복을 얻을 수 없다.
목적지를 정해야 한다. '가다 보면 나오겠지'라고 생각해서는 안 된
다. 인생의 우선순위를 행복에 두어야 한다.

행복해지기기로 결정했다면 지금 당장 종이와 펜을 들고 조용히
혼자 있을 만한 곳으로 가서 '행복 리스트'를 적어보라. 자유롭게 당
장 할 수 있는 일부터 미래의 꿈까지 적다 보면 금세 행복해질 것
이다. 그 행동만으로도 입이 귀에 걸릴 것이다. 내가 그랬다. 그렇게
100개의 리스트를 적어보라. 그리고 1년 내, 5년 내, 10년 내 혹은
단기, 중기, 장기로 구분해서 리스트를 만들어라. 그리고 바로 실행
할 수 있는 것부터 해보라. 내가 자주 하는 방법인데 간단하지만 큰

효과가 있다.

다음은 2003년에 작성한 나의 '행복 버킷리스트'다.

행복 버킷리스트(2003)

1. 스포츠카 사기(30)

2. 벤츠 S500 타기(35)

3. 유럽 여행하기(30)

4. 장거리 여행 시 퍼스트 클래스 탑승하기(30)

5. 외국에서 사업하기

6. 나만의 브랜드 갖기(28)

7. 다른 나라와 무역하기

8. 1년에 6회 이상 여행하기

9. 일본 고시엔에서 야구 보기

10. 연봉 1억 이상 벌기(30)

11. 외국어를 공부하고 외국인 친구 사귀기

12. 책 쓰기(35)

13. 외국어 책 번역하기(40)

놀랍게도 지금은 당시에 내가 적은 내용 중 대부분이 이루어졌다. 이것은 나에게 놀라운 충격이었다. 2015년에 문득 이 노트를 보고서 나는 온몸에 전율을 느꼈다. 솔직히 고백하면 여기에 적은 것들이 그리 간절했던 것도 아니었다. 아무것도 모르던 스물세 살에 가진 허세 가득한 생각을 적은 것이었다. 그런데 어느 순간 많은 것들이 이루어져 있었다.

첫째, 나는 서른 살이 되기 전에 스포츠카를 가지고 싶었다. 그냥 그때는 그런 것들이 멋져 보였다. 그리고 나는 스물아홉 살에 스포츠카인 인피니티 G37을 샀다.

둘째, 서른다섯 살이 되기 전에 벤츠 S500이라는 자동차를 타고 싶었다. 이 차는 내 나이에는 어울리지 않는 회장님들이 주로 타는 차였다. 그런데 놀랍게도 나는 지금 30대 중반에 벤츠 S500을 타고 있다. 나는 차를 좋아하는 남자가 아니다. 그냥 어릴 때 그렇게 적어둔 것이다. 내가 차를 좋아하고 잘 알았다면 아마도 벤틀리나 페라리, 람보르기니 등을 적어두었을 것이다.

셋째, 서른 살이 되기 전에 유럽 여행을 하고 싶었다. 나는 서른 살이 되던 겨울에 한 달간 런던과 파리 등을 혼자 여행했다.

넷째, 장거리 여행을 할 때 퍼스트 클래스를 타보고 싶은 꿈이 있었다. 이것 역시 유럽 여행에서 되돌아올 때 대한항공 퍼스트 클래스로 그 꿈을 이루었다. 삶은 우연의 연속이라는데 그 우연이 행복을 가져오기도 한다. 대한항공 퍼스트 클래스처럼 말이다.

다섯째, 외국에서 사업을 해보고 싶었다. 당시 유명 여배우들이 무역하는 사업가랑 결혼하는 것을 보고 나도 해외에서 사업을 해보고 싶어졌다. 결과적으로는 중국에서 벌인 사업이 잘 안 풀려서 지금은 접은 상태지만, 지금은 한 달에 두 번 정도 해외를 오가면서 여행하듯 일하고 일하듯 여행하며 행복하게 살고 있다.

여섯째, 나만의 브랜드를 만들고 싶었다. 나는 야구용품 브랜드를 론칭하고 효과적으로 판매를 했는데, 이것은 내게 아주 값진 경험이었다. 자본이 부족한 사업가들은 대부분 제품을 받아서 판매하느라 유통에 신경 쓰기 바쁜데, 나는 젊을 때 내 제품의 기획과 브랜딩, 유통까지 경험해볼 수 있는 기회를 가졌다. 지금은 그것을 기반으로 더 큰 미래를 계획하는 중이다.

그 밖의 리스트들도 많이 이루어졌는데 몇 가지는 아직 진행 중이기도 하다. 꿈을 갖고 있다는 것 그리고 그 꿈이 나의 행복과 직접 맞닿아 있다는 것은 아주 중요하다. 인생에 나침반이 있는 것과 같다. 하지만 많은 사람들이 나침반보다 속도계만 바라보고 달려가려고 한다. 그런 사람들에게 나는 "천천히 서둘러라"라는 말을 해주고 싶다. 천천히 목적지와 방향부터 정한 다음 뒤돌아보지 말고 앞으로 나아가라.

03
실패야말로
성장할 수 있는 기회다

실패가 두려운가?

사람들이 도전하지 못하는 가장 큰 이유는 실패를 두려워하기 때문이다. 실패가 왜 두려울까? 가지고 있는 것들을 잃을까 봐 두렵기 때문이 아닐까? 다시 한 번 생각해보길 바란다. 재벌처럼 많은 것을 가진 사람이 많은 것을 잃는 것을 두려워해야 한다. 애초에 우리는 빈손으로 이 세상에 오지 않았던가. 그리고 현재 우리는 잃을 것을 두려워할 만큼 가진 것이 많지도 않다.

앞으로 우리는 훨씬 많은 도전의 순간에 내몰릴 것이다. 양질의 일자리는 줄어들고 있고, 교육 수준은 높아졌고, 저성장의 시대에 기회는 점점 줄어들고 있다. 미래에 그 기회를 누가 잡을 수 있을까? 바로 도전하는 사람이다. 답은 정해져 있다. 실패를 두려워하지 말고 도전해야 한다.

인생은 긴 마라톤이다. 100미터 달리기가 아니다. 나는 운 좋게도 좋은 스승님을 많이 만날 수 있었다. '운 좋게'라고 표현했지만 준비된 많은 우연에 도전한 결과이다. 나는 대학 때 체육학을 전공했는데, 입학 직전에 무릎을 다쳐 수술을 해야 했다. 그리고 군대에 갈 시기가 되었는데 무릎 상태가 좋지 않았다.

나는 남자라면 반드시 군대에 가야 한다는 생각을 가지고 있었는데 막상 그 시간이 다가오니 고민이 되었다. 2년여의 시간이 아까울 것 같기도 하고, 오만 가지 생각이 다 들었다. 그런데 나를 아들처럼 여기는 김선원 사장님께서 진심 어린 조언을 해주셨다.

"인생은 100미터 달리기가 아니야. 인생이 30세에 끝나는, 그래서 성공과 실패를 나누는 게임이라면 20대의 2년여가 매우 중요할 수도 있지만, 인생은 100세까지 살아야 하는 마라톤과 같아. 20대에는 2년여의 시간이 아깝게 느껴질 수도 있지만 시간이 흐르고 힘들 때 되돌아보면 인생에서 큰 힘이 될 거야."

실제로 지금까지 어려움에 빠질 때마다 '그래도 군대에 있을 때보다는 낫다'라고 생각하며 즐겁게 이겨내고 도전할 수 있었다. 아직도 우리에게는 많은 날들이 남아 있고 피할 수 없는 실패와 두려움이 기다리고 있다. 하지만 그 고난을 어떻게 받아들이느냐에 따라 많은 것들이 바뀔 수 있다. 실패는 과정일 뿐이다. 그 과정에서 배운 게 있다면 결코 실패가 아니다. 실패 자체가 좋은 기회가 될 수도 있다.

실패라고 정의하지 않으면 실패가 아니다

나는 인생을 꽤나 즐겁게, 긍정적으로 살아가는 편이다. 이것은 나의 삶에 대한 태도와 관련이 있고, 이런 나의 태도는 여러 가지 경험 속에서 얻은 깨달음에서 비롯되었다.

나는 어릴 때 사업을 시작해 급속도로 올라갔다가 추락하는 것을 경험했다. 처음에 추락할 때에는 전혀 믿기지가 않았지만, 다행히도 좋은 분들의 도움으로 다가올 위기를 미리 예상하고 준비할 수 있었다.

젊은 나이에 사업을 시작해 많은 위기를 겪고 이겨내는 과정을 반복하면서 얻은 교훈이 있다. "지금 내가 가지고 있는 것들은 영원히 내 것이 아니고, 또 내가 가진 것이 없다고 해서 영원히 없을 것도 아니다"라는 것이다. 그만둘 인생이 아니라면 지금은 결과가 아닌 과정에 불과하다.

나는 나의 성장과 성공, 행복 등을 의심하지 않고 있으며, 그것을 만들어가는 과정에 있다. 그 과정에서 어떤 스토리도 없다면 미래에 누군가를 만났을 때 나의 지난날을 어떻게 이야기할 수 있겠는가? 먼 미래에 나는 분명히 멋진 사람, 행복한 사람으로 성장해 있을 텐데 그때 젊었던 시기의 고난을 안주 삼아 이야기할 수 있는 그런 사람이 되었으면 좋겠다.

그래서 나는 힘들었던 순간, 위기의 순간을 결코 실패라고 정의하지 않는다. 진심으로 그 순간들이 나를 더 멋지게 해주고 재미난 인생을 만들어주는 과정이라고 생각한다. 지금의 고난과 위기와 어려움은 내 미래에 큰 경험적 자산이 될 것이다. 아픈 만큼 성장한다고 한다. 나는 아니라고 생각한다. 왜 아팠는지 깊이 고민하고 깨달아야 성장한다.

실패보다 두려운 것은 도전하지 않는 것

인간은 너무나 대단한 존재이다. 말도 안 되는 것들을 실현해내는 것을 보면 참으로 대단하다는 생각이 든다. 인간의 그런 위대한 힘과 자신만의 무한한 가능성을 우리 자신만 너무 모르고 사는 것은 아닐까. 우리는 아주 많은 것들을 해낼 수 있음에도 불구하고 '나는 안 돼'라고 시도해보지도 않고 체념해버리는 것은 아닐까.

인생의 많은 부분은 마음먹기 나름이고, 그 작은 마음이 결과에서 상당히 큰 차이를 가져오는 것을 나는 무수히 목격했다. 이것이 비단 나만의 경험은 아닐 것이다. 어떤 문제든 자신의 감각과 생각과 능력과 노력을 집중하고, 주위의 인적 네트워크를 활용한다면 해결하는 데 그리 어렵지 않을 것이다. 두려워 말고 도전하라. 어느 경우든 도전해보지 않은 것과 도전해본 것의 차이는 매우 크다. 도전해보는 것이 무조건 장점이 많이 남는 장사다.

그 이유는 첫째, 도전해야만 원하는 것을 이룰 수 있기 때문이다. 이것은 목표를 달성하기 위한 수단과 방법의 의미로써 도전하는 것을 말한다. 우리가 목적지에 다다를 수 있는 유일한 방법은 그곳을 향해 출발하는 것이고, 원하는 것을 얻기 위한 유일한 방법은 도전하는 것이다.

둘째, 도전해서 좋은 결과를 낸다면 그 경험으로 더욱 자신감을 가지고 도전할 수 있는 힘이 생기기 때문이다. 천 리 길도 한걸음부터라고 하지 않던가.

셋째, 도전해서 실패했다고 해서 실패가 아니기 때문이다. 단지 잠깐의 실수일 뿐이다. 실패한다고 해서 인생이 끝나는 것도 아니기에 수정하고 보완해서 다시 가면 된다. 그 실수를 바탕으로 더 나은 결과를 만들어내면 된다.

수많은 이유가 더 있겠지만 이런 이유만으로도 도전은 충분히 값진 것이다. 정말 두려운 것은 도전하지 않는 것, 인생의 주인으로 살지 못하고 노예로 살아가는 것이다.

실패를 두려워하지 않고 시도하는 방법

1. 망설일 시간에 시도하라. 그리고 고민할 시간을 어떻게 하면 잘할 수 있을지에 투자하라.

2. 실패를 두려워하며 시도하지 않는 것보다 시도하고 실패하는 것이 낫다. 실패를 두려워하며 시도하지 않는 것은 아무런 긍정적 결과를 가져오지 않는다. 반면 시도하고 실패하면서 얻은 피드백은 다시 도전하고 성장하게 하는 힘이 된다.

3. 실패를 두려워하며 도전하지 않는 것은 시간만 낭비한다. 시도하면 그 이상의 시간과 경험을 얻을 수 있다.

4. 가볍게 할 수 있는 도전을 계속하라. 도전이 습관이 되면 두려움도 사라진다.

5. 실패의 결과를 생각해보라. 별것 없다. 마음먹기 나름이다. 인생의 참고 서라고 생각하라.

6. 실패를 경험으로 남겨라. 훗날 추억이 된다.

7. 도전하는 사람을 사귀어라.

8. 긍정적인 사람을 사귀어라.

9. 성공 경험을 공유하라.

04
학벌보다
진짜 공부가 밥 먹여준다

진짜 공부란 무엇인가?

우리는 지금까지 계속 공부를 하면서 살아왔다. 그런데 그 성과는 어땠는가? 공부에 투자한 만큼 그에 상응하는 효과를 보았는가? 대부분 아닐 것이다. 나도 그랬다. 왜 그럴까? 공부에 필요성을 느끼고 한 것과 그렇지 않은 것의 차이는 엄청나다.

예를 들어 미적분을 배운다고 가정해보자. 공부하면서 '내가 이걸 왜 하지? 졸업하면 어차피 써먹을 일도 없는데'라는 생각으로 공부한다면 효과가 있을까? 그런데 이런 생각을 하면서 공부하는 경우가 많다. 책상에 앉아는 있지만 활용하기 위한 목표를 향한 공부가 아니기 때문에 능률면에서 상당히 떨어지는 것이다.

나 역시 지금까지 살아오면서 여러 가지 공부를 했지만 마찬가지였다. 그런데 학교를 졸업하고 끝날 것 같던 공부가 다시 시작되었다. '진짜 공부' 말이다. 그 전까지는 남들 하는 공부를 시대에, 사회에 떠밀리듯 했다. 하지만 '나에게 뭐가 필요하지?', '내가 뭘 잘하지?', '나는 무엇을 할 때 즐겁지?' 등을 고민하자 그 전과는 비교할 수도 없을 만큼의 효과가 나타났다.

그렇다면 진짜 공부란 무엇일까? 이는 사람마다 다르다. 일반적으로 진짜 공부를 찾는 몇 가지 요령을 알아보면 다음과 같다.

첫째, 앞으로 5년 뒤에 하고 싶은 일을 생각하고 준비해보라. 필요한 공부, 필요성을 느끼는 공부는 힘들어도 과정을 즐길 수 있고 높은 효율을 가져온다.

둘째, 좋아하는 것을 찾아서 생각하고 즐겨보라. 좋아하는 것은 더 빨리, 더 잘하게 되어 있다. 처음 하면 누구나 서툴다. 좋아하는 것은 즐거운 마음으로 계속할 수 있는 힘이 있다. 계속하면 잘하게 된다. 좋아하는 것을 찾아서 즐겨보라.

셋째, 미래에도 변하지 않을 무언가를 고민해보라. 우리는 미래가 어떻게 변할지를 고민하지만, 그 변화의 속도를 개인이 따라가서 주도하기는 매우 어려운 일이다. 그보다는 10년 뒤에도 변하지 않을 가치를 고민해보라! 그게 더욱 효율적이다.

예를 들어 미래에 AI가 발달해도 사람만이 할 수 있는 일에는 뭐가 있을까? 감정을 가지고 할 수 있는 일이 대표적이지 않을까? 고가의 영업은 컴퓨터가 대신할 수 없다. 고가의 세일즈는 사람에 대한 이해를 많이 필요로 하는 고급 기술이기 때문이다. 이런 경우, 인간을 이해하는 공부나 인문학 등에 관심을 가진다면 미래에 더 큰 가치를 가지게 될 것이다.

넷째, 책을 통해 진짜 공부를 찾아보라. 지금은 책을 읽는 사람이 점점 줄어들어 책을 읽는 사람이 오히려 비교 우위의 이점을 가지는 경우가 많다. 현대인에게는 오래된 매체인 책을 보는 것이 생존에 필수적인 현대식 무기가 되고 있다.

다섯째, 생존에 필요한 것을 생각해보라. 나만의 특별한 장기도 중요하지만 미래의 생존을 위한 것도 필요하다. 여러 가지가 있겠지만 대표적인 것으로 금융지식이 있다. 우리가 사는 자본주의 사회의 게임의 룰은 곧 금융지식이다. 우리는 이에 대해 공교육에서는 전혀 교육받지 못했다. 앞으로 미래의 불황과 많은 어려움 속에서 생존하려면 반드시 금융지식을 공부해야 한다.

여섯째, 건강에 대한 관심을 가지고 공부해야 한다. 100세 시대라고 한다. 그런데 100세까지 살면 행복할까? 노후에는 재정적인 것도 중요하지만 살아 있는 동안 행복에 필수요건 중 하나인 건강도 중요하다. 우리는 지금까지 압축성장을 하다 보니 행복, 건강 등 정작 중요한 것들에 관심을 많이 가지지 못하고 살았다. 중요한 것, 덜 중요한 것, 급한 것, 덜 급한 것에 가치를 정하거나 우선순위를 두고 살지 못한 것이다. 건강은 가장 중요한 것이다. 건강해지려면 건강에 관심을 가지고 공부해야 한다.

공부에도 목적의식이 필요하다

진짜 공부는 목적이 확실해야 한다. 그래야 능률이 오르고, 효율적이며, 지속할 수 있다. 많은 사람들이 영어를 배우고 싶어 한다. 나는 이들에게 왜 배우고 싶은지 묻고 싶다. 자신에게 질문하고 생각해보라는 의미다. 영어가 쉽게 늘지 않는 이유는 여러 가지가 있겠지만 간단하다. 자신의 삶에 큰 영향을 끼치지 않기 때문이다. 잘하면 좋겠지만, 꼭 필요하지는 않기 때문에 열심히 하는 것 같지만 성과는 항상 제자리인 것이다. 그래서 계속 겉도는 것이다.

이처럼 확실한 목적의식이 없다 보니 영어를 공부할 때에도 우리는 효율적이지 못한 방법으로 공부하고 있다. 나는 공부도 놀이처럼 재미있어야 한다고 생각한다. 그러면 효율도 극대화할 수 있다. 예를 들어 외국어 배우기를 놀이라고 생각하면 더욱 효율적인 진짜 공부를 할 수 있다. 우선 부담 없이 많이 듣고, 말하게 된다. 그 과정이 자연스럽고 재미있어지면 그보다 상위 단계인 읽고 쓰기에 자연스럽게 관심이 생기고, 그때 읽고 쓰기 공부를 같이하면 효과가 훨씬 좋아진다.

어린 아기들이 말을 배우고 글을 배우는 과정을 보면 알 수 있다. 언어는 누구나 할 수 있는 것이다. 자연스럽게 계속할 수만 있다면 말이다. 하지만 계속하는 게 쉽지가 않다. 그 이유는 첫째, 필요하지 않아서다. 막상 배워도 확실히 써먹을 만한 일이 없기 때문이다.

둘째, 그 과정에서 흥미를 잃기 때문이다. 시작은 거창하지만 점점 흥미를 잃고 어렵다고 생각하는 것이다. 따라서 이럴 때는 재미를 찾아야 한다.

내가 일본어를 공부한 방법을 간단히 소개하면 다음과 같다. 우선 나는 회화 위주로 일주일에 두 번 정도 부담 없는 강도의 수업을 받았다. 현지 일본인과 함께 점심을 먹고, 커피를 마시는 일상적인 생활을 하는 데 필요한 것을 중심으로 수업을 한 것이다. 사실 수업도 아니다. 그냥 놀았다. 다만 일본어로 진행한 것뿐이다. 주말이면 일본어를 하는 사람을 자주 만났다. 의식적으로 길을 안내해준다거나 자연스럽게 대화할 수 있는 상황에 적극적으로 임했다. 그리고 일본 드라마나 애니메이션을 즐겁게 보았다. 물론 여행도 빼놓을 수가 없다. 나는 이처럼 자연스러운 상황에서 언어를 습득했다. 공부라고 생각했으면 나 같은 사람은 벌써 포기했을 것이다.

셋째, 배워도 그 효과를 금방 확인할 수 없기 때문이다. 바로 배워서 바로 써먹을 수 있어야 효과가 크다. 그러면 자신감도 생기고 더 열심히 할 수 있는 에너지가 생긴다.

05
나는 놈 위에
노는 놈이 되라

즐기는 자를 이길 사람은 없다

걷는 놈 위에 뛰는 놈 있고, 뛰는 놈 위에 나는 놈이 있다고 한다. 그렇다면 나는 놈 위에는 누가 있을까? 노는 놈이 있다. 나는 이 말이 웃고 넘길 말만은 아니라고 생각한다. 실제로 나는 이 말에 매우 동의한다. 나도 노는 놈이었기 때문이다.

인생이든 일이든 마인드에 따라서 많은 것들이 달라진다. 즐기다 보면 더욱 빨리 잘하게 되고, 잘하다 보면 부가적으로 얻는 것들이 많아진다. 설령 아주 좋은 결과를 얻지 못했을지라도 그 과정에서 충분히 즐기고 얻었으니 손해나지 않는 장사다.

나는 무엇이든 즐기는 사람이다. 많이 가져서 즐기는 것이 아니다. 태도와 마음가짐이 그러하다. 나는 일이 아니라 내가 좋아하는 것을 하다 보니 성공한 케이스다. 이것은 정말 행복한 경험이었다. 남들에게는 일이나 공부였겠지만 나는 매사가 즐거운 놀이였다.

즐기는 사람이 이길 수 있는 가능성은 매우 크다. 내 주위에는 그런 사람들이 많다. 그들 중 대부분이 자신의 일을 즐기는 사람들이다. 나는 그들이 자신이 좋아하는 일을 직업으로 삼았고, 그 일들을 해나가면서 성장하고 있고, 이런 선순환이 반복되다 보니 더 즐길 수 있게 되었다고 생각한다.

프로마추어가 되라

요즘은 덕후가 각광받는 세상이다. 그와 비슷한 프로마추어라는 단어가 있다. 프로와 아마추어의 합성어다. 프로 같은 아마추어라는 개념인 셈이다. 최근 들어 아마추어의 순수한 마음가짐과 관심에 덕후들의 경험이 쌓이면서 전문가들도 무시할 수 없는 힘이 나오고 있다.

이것은 나의 경험과도 일치한다. 나는 덕후로 무엇인가에 빠지면 그것에 몰두했다. 나는 야구를 특히 좋아하고 야구 글러브에 빠지면서 아껴서 모은 용돈으로 글러브를 사고, 써보고, 다시 팔고, 다시 사는 것을 반복하는 과정에서 준전문가로 받아들여졌다. 그러다 보니 내가 받은 관심에 보답하고자 더 관심을 쏟았고, 결국에는 지금에 이르게 되었다.

당시 나는 동종 업계에서 일하는 선배들을 보면서 이해하기 힘든 부분이 있었다. 그분들 중에는 전문적인 식견을 앞세워 자신의 생각과 자신이 추천해주는 상품만이 옳다는 생각을 갖고 있는 이들이 많았다. 이것은 일종의 매너리즘이었다.

질문을 하나 해보겠다. 1학년을 10년 다니면 몇 학년일까? 10학년일까? 아니다. 1학년이다. 같은 일을 반복한다고 전문가가 되는 게 아니라 어제의 나를 뛰어넘으려고 생각하고 경험이 쌓여야 전문가가 된다. 그런데 1학년을 10년 다니는 사람들이 많다. 그런데 그들은 자신을 전문가라고 생각하는 것 같다. 내가 가진 강점 중 하나는 바로 프로마추어적인 생각이다. 나는 내가 좋아하는 것을 하다 보니 '왜 그럴까?', '사람들은 왜 이것을 좋아할까?'라는 생각을 많이 했고, 수많은 제품을 만져보고 사용 후기를 올릴 수 있었다. 그리고 그 경험이 쌓여서 상대에게 조언하고, 제안해줄 수 있었다.

전문가보다 강한 마니아가 되자

푸드 컬럼니스트 김유진의 《장사는 전략이다》라는 책을 보면 다음과 같은 내용이 나온다.

"차별화란 경쟁자에게서는 멀어지고 고객에게 가까워지는 것이다."

고객에게 가까워지는 것을 도대체 어떻게 할 수 있을까? 이것이 야말로 정말 어려운 일이다. 이는 말처럼 쉬운 게 아니다. 나는 이 두 가지의 입장을 모두 경험해보았다. 그리고 지금은 다시 고객의 입장으로 돌아가기 위해 노력하는 중이다.

고객에게 가까워지려면 자신이 직접 고객이 되어야 한다. 그게 가장 좋은 방법이고 가장 빠른 방법이다. 그리고 고객과 소통해야 한다. 그러기 위해서는 스스로 마니아가 되어서 직접 사용해보고 느껴보고 고객의 마음을 알아야 한다. 그런데 이 과정을 거치고 나면 자신이 전문가라고 생각하게 되고 그 순간 초심을 잃어버리기 쉽다. 이것을 조심해야 한다. 상대를 사랑할 때 나만의 방법으로 사랑해주는 것은 큰 의미가 없듯이 전문가라면 상대방이 원하는 방법으로 해줄 수 있어야 한다.

나는 그것의 정점이 마니아라고 생각한다. 마니아는 자신이 좋아서 하는 것이다. 누가 시켜서 하는 것이 아니다. 자신이 하면서 즐겁고, 즐거워서 더 하는 것을 반복하는 과정 속에서 마니아에게는 큰 경험의 힘이 만들어진다. 당신도 전문가보다 강한 마니아가 충분히 될 수 있다. 그러면 황금알을 낳을 수도 있다.

하나의 관심이 또 다른 관심을 부른다

인생에서 성공하는 방법은 무엇일까? 처음부터 큰 성공은 도박이나 복권 말고는 없다.

하지만 우리에게는 신이 준 값진 선물이 있다. 그중 하나가 바로 호기심이다. 인간의 삶은 호기심으로 많은 것들이 변할 수 있었다. 호기심은 정말 좋은 삶의 자극제로 잘만 활용하면 인생을 더 값지게 변화시킬 수 있다. 어떤 것에 대해 '왜?'라고 묻는 간단한 질문과 관심이 우리의 많은 것을 바꿀 수 있다. 많은 성공한 사람들도 '왜?'라는 간단한 질문에서 시작했다.

자신이 관심 있는 것에 호기심을 자기고 '왜?', '어떻게?'라고 질문해보자. 그 작은 질문이 마중물이 되어 하나의 관심이 되고, 또 다른 관심과 호기심을 불러일으킬 것이다.

<u>06</u>
신마저도
<u>스스로 돕는 자를 돕는다</u>

적극적인 태도를 널리 알려라

가만히 생각해보자. 자기 자신도 무엇을 원하고 무엇을 이루고 싶은지 모르는데 그것이 이루어질까? 이루어진다면 기적이거나 우연일 것이다. 우리는 인생에서 먼저 자신의 목적지를 알아야 하고, 알기 위해 노력해야 한다. 그러기 위해서는 적극적으로 자기 자신에게 질문하고 도전해야 한다.

치열하게 고민하고 얻은 자신만의 목적지가 있다고 해서 그것으로 끝이 아니다. 어떻게 그곳에 갈 수 있을지를 고민해야 한다. 사실 혼자만의 힘으로 어떤 목적을 이루기는 너무 힘들다. 물론 불가능한 것은 아니지만 생각해보면 더욱 효율적으로 가는 방법이 있고,

주위를 둘러보면 도움을 줄 수 있는 사람들도 있을 것이다. 나의 꿈에 대한 열망과 주위 사람들의 도움을 활용하면 훨씬 효율적으로 목적지에 도달할 수 있다.

그렇다면 주위 사람들의 도움을 받기 위해서는 어떻게 해야 할까? 자신이 세운 목표를 널리 알려야 한다. 많은 사람들이 나의 생각을 공유하고 관심을 가지면 도움을 주려고 할 것이다. 자신의 꿈을 적극적으로 알리고, 그 꿈과 목표를 이루기 위해 노력한다면 주위 사람들로부터 도움을 받을 수 있고, 주변 사람들에게까지 그 파급력이 미칠 수 있다.

적극적인 태도는 행복의 필수조건

우리는 어떻게 하면 행복의 씨앗을 뿌릴 수 있을까? 내 행복의 씨앗은 한 단어로 표현할 수 있다. 바로 '도전'이다. 이것은 나에게 아주 단순한 의미다. 아무 부담 없이 빨리 그냥 해보는 것! 해본 것과 해보지 않은 것의 차이가 매우 크다는 것을 알기 때문이다.

도전은 적극적인 마인드다. 도전이란, 원하는 것이 있으면 자신이 직접 구하는 것을 말한다. 어릴 적에 〈웃으면 복이 와요〉라는 개그 프로그램이 있었다. 요즘의 개그 콘서트라고 생각하면 된다. 나는 그 말의 의미를 이해할 수 없었다. 당시에는 '웃으면 왜 복이 와? 말도 안 돼'라고 생각했다. 그후로도 꽤 오랜 시간을 그렇게 살았다.

그런데 인간은 어려울 때 성장한다고 했던가. 나에게도 위기가 닥쳤다. 일도 잘 안 풀리고, 그러다 보니 사람 관계가 틀어지는 등 악순환이 시작되었다. 열심히 할수록 악순환은 더 심하게 나를 조여왔다. 마음은 조바심으로 요동치고 머리는 지끈거렸다. 하루하루가 지옥이 될 수 있다는 것을 나는 그때 깨달았다.

그런데 다행히도 그때의 어려운 상황의 답을 나는 해외여행과 출장을 통해 찾을 수 있었다. 그곳의 분위기는 한국과는 전혀 달랐다. 호텔의 엘리베이터에서 낯선 사람과 마주쳐도 그 사람들은 먼저 웃으면서 인사해주었다. 어려울 때 그들의 웃음은 나에게 큰 위안이 되었다. 그들과 나는 편안한 분위기 속에서 자연스레 친구가 되었다. 그들이 나에게 먼저 웃음을 건네고 손을 뻗자 쭈뼛쭈뼛하던 나도 자연스럽게 웃으며 그들이 건네는 손을 잡았던 것이다.

그후 나는 내가 먼저 웃고 내가 먼저 다가가기로 했다. 그리고 그 자체만으로도 나는 적극적인 사람으로 변했다. 내가 먼저 웃고, 필요한 것이 있으면 먼저 찾아가고, 만나고 싶으면 먼저 만나자고 하고, 인사할 일이 있으면 먼저 고객를 숙이고 인사를 한 것이다. 이런 작은 변화는 놀랍게도 나의 많은 것을 바뀌게 했고, 다양한 기회를 만들어주었다. 나는 이것이 순전히 운이라고 생각했는데 그 운조차도 아무에게나 주어지는 게 아니었다. 신마저도 스스로 돕는 자를 돕는다고 하지 않던가. 먼저 웃고 인사하면 많은 운이 생긴다.

04

나만의 브랜드를 창조하라
_핑크펭귄 박재현 대표

　　〈한국브랜드마케팅연구소〉의 박재현 대표를 만난 것은 나에게 큰 행운이었다. 박재현 대표는 브랜드 마케팅 분야의 실력 있는 전문가이자 많은 사람들에게 자신의 지식을 나누어주고 있는 선한 영향력을 지닌 교수님이기도 하다.

　　나는 어느 분야에서든 의미 있는 성과를 만들어낸 사람의 인생은 한 끗 차이로 결정되며, 그것은 자신의 인생을 대하는 태도라고 생각한다. 나는 박재현 대표를 인생의 스승으로 만나 그와 대화하면서 이 사실을 분명히 확인할 수 있었다.

　　그가 이루어낸 성과는 도전하는 삶을 통해 얻은 것이다. 그는 자신에게 수많은 질문을 했고, 스스로 답을 찾아나가고자 노력했고, 그 답을 바탕으로 행동했다.

Q: 대표님이 생각하시는 브랜드란 무엇입니까?

저는 각각의 개인도 브랜드라고 생각합니다. 그것도 그냥 브랜드가 아니라 한정판 명품 말입니다. 저는 제 자신을 브랜드라고 생각하며 살았고, 한정판 명품이라고 생각하며 살아왔습니다. 이 작은 생각의 차이가 쌓이고 쌓여 지금의 '박재현'이라는 브랜드가 만들어졌다고 생각합니다. 브랜드에서 제가 생각하는 핵심은 '자기다움'입니다.

마케팅은 '자기다움'을 효과적으로 표현하는 수단입니다. 결국 '자기다움'이 확실해야 그것을 효과적으로 표현해낼 수 있습니다. 개인도 마찬가지입니다. 먼저 '자기다움'이 있어야 합니다. 그것을 찾고 지키는 것이 쉽지는 않겠지만, 자신의 삶을 온전히 살아가기 위해서는 반드시 필요합니다.

Q: 그렇다면 '자기다움'을 찾는 방법은 무엇일까요?

'자기다움'을 찾는 것이 쉬운 일은 아닙니다. 하지만 지금까지 인생을 살아본 결과 그 방법이 그리 어렵지만은 않았습니다. 다만 많은 사람들이 그 과정을 지속하지 못하고 즐기지 못하다 보니 결국 '자기다움'을 찾지 못하고 포기한 채 살아갑니다. '자기다움'은 인생을 원하는 대로 살아가고자 끊임없이 노력하느냐, 하루하루 살아지는 대로 살아가느냐의 차이입니다. 인생을 자신이 원하는 대로 살기 위해서는 '자기다움'을 찾기 위해 끊임없이 노력하며 살아가야 합니다.

제가 생각하는 '자기다움'을 찾는 방법은 다음과 같습니다.

첫째, 자신에게 끊임없이 질문하는 것입니다. 질문은 씨앗입니다. 좋은 질문은 좋은 씨앗이 됩니다. 자신에게 질문하는 태도를 가져야 합니다. '나는 누구일까?', '나는 무엇을 좋아할까?'와 같은 질문으로 존재의 이유를 찾기 위해 노력해야 합니다.

이를 통해 먼저 자신만의 한 가지를 찾아야 합니다. 자신만의 매력 포인트가 그것입니다. 이것으로 퍼스널 브랜딩을 할 수도 있습니다. 그러기 위해서는 '자기다움'을 찾아서 지속적으로 물도 주고 햇빛도 비춰주고 관심을 가지면서 무럭무럭 자라게 해야 합니다.

둘째, 우연한 기회를 만들어야 합니다. 우리는 우연한 기회에 자신의 강점과 약점을 느낄 수 있습니다. 어떤 것이든 경험해봐야 자신의 생각과 관심을 알 수 있습니다. 우리는 다양한 것에 마음을 열고 경험해보고자 노력해야 합니다. 우연한 기회를 지속적으로 만들고자 노력해야 합니다. 저는 고등학교 때 우연히 친구를 따라 교회에 갔던 경험 덕분에 제 강점이 남들 앞에서 대화하는 능력이라는 것을 알 수 있었습니다. 유명한 프로야구 선수인 이대호 선수 역시 우연한 기회에 친구 따라 야구부에 갔다가 자신이 야구에 재능이 있고 야구를 하면서 즐거워한다는 것을 느끼고 현재 최고의 야구선수가 될 수 있었습니다. 많은 일에서 열린 마음으로 두려움 없이 그냥 한번 해봐야 합니다. 그 우연한 기회가 누적되면 자신의 삶에서 '자기다움'을 만들어나갈 수 있습니다.

가장 쉽게 우연한 기회를 만드는 방법 중 한 가지는 독서를 하거나 강연을 듣는 것입니다. 다양한 분야의 다양한 경험을 가장 쉽게 간접 경험할 수 있기 때문입니다. 다양한 경험을 자신의 삶에 우연한 기회로 만들어보시기 바랍니다.

셋째, 혼자 있는 시간을 갖는 것입니다. 많은 것을 보고 느끼고 경험한다고 해도 결국 '자기다움'을 찾기 위해서는 자신만의 것을 찾아서 자기의 것으로 만들어야 합니다. 기존에 가지고 있던 자기의 것이라 하더라도 끊임없이 업그레이드해야 합니다. 그것은 혼자만의 시간을 가지고 자신의 뇌 속에서 숙성시켜야 가능합니다. 같은 재료라도 누가 어떻게 숙성하느냐에 따라 음식의 맛은 천차만별로 달라집니다. 다양한 경험과 생각을 어떻게 숙성시켜 '자기다움'을 만드느냐의 핵심은 혼자 있는 시간을 통해서 만들어집니다. 하루에 30분 정도만이라도 꼭 자신과 대화를 나누는 것에 투자를 해봤으면 좋겠습니다.

Q: '자기다움'을 찾은 다음에는 어떻게 해야 할까요?

'자기다움'을 찾기 위해 자신에게 많은 시간을 쏟았다면 그다음에는 그것을 효과적으로 표현하는 것에 대해 생각해봐야 합니다. 이것은 마케팅에 관한 이야기입니다. 내가 전달하고 싶은 '자기다움'이라는 메시지를 가장 매력적인 언어로 만들어 전달하는 것이 바로 마케팅입니다. 여기서 핵심은 전달하는 것, 그것도 잘 전달하는 것입니다.

이것을 다시 표현하면 '고민 끝에 찾은 자신만의 강점과 매력 포인트(자기다움)를 상대의 관점과 생각으로 효과적으로 전달하는 것'입니다. 효과적으로 잘 전달하는 것은 생각보다 어렵습니다. 하지만 즐기다 보면 꽤 재미있는 과정이기도 합니다. 마치 연애하듯이 즐겨야 합니다. 그러다 보면 잘 보입니다.

아울러 자기만의 브랜드를 구축하려면 다음 내용을 실천해볼 것을 권합니다.

첫째, 지속적으로 자기관리를 해야 합니다. 자신의 장점을 꾸준히 더 매력적으로 관리하고 업그레이드해야 합니다. 이것은 내면적인 존재의 이유를 더 강하게 만드는 것을 의미합니다. 그리고 외면적으로 보이는 부분도 더 신경 써서 관리해야 합니다. 즉, 자신을 가꿔야 합니다. 자기관리의 기본이자 출발은 외모를 가꾸는 것에서 시작합니다. 이는 외모 지상주의를 뜻하는 것이 아닙니다. 보이는 것이 전부는 아니지만 상당히 많은 부분을 차지하는 것이 사실입니다.

둘째, '입장 바꾸기'입니다. 바로 상대의 입장에서 생각하라는 것입니다. 이것은 비즈니스에서도 통합니다. 즉, '자기다움'이라는 기둥을 가지고 상대방의 입장에서 생각하다 보면 효과적인 전달이 가능해집니다.

셋째, '콘텐츠 쌓아가기'입니다. 다양한 경험이 쌓이면 콘텐츠가 됩니다. 이것을 잘 기록해 저장해둔다면 시간이 흐른 뒤 유형의 자산이 될 것입니다. 연애할 때 함께 나눈 시간과 경험을 잘 정리해둔다면 가치가 있고 의미가 있듯이, 인생에서 다양한 경험을 하고자 노력하고 그것을 잘 정리해두면 효과적인 콘텐츠가 됩니다. 그 콘텐츠가 쌓이면 가치 있는 인생의 자산이 될 수 있습니다.

Q: 마지막으로 하고 싶은 말은 무엇인가요?

브랜딩과 마케팅, 수많은 강의와 컨설팅을 하다 보니 다양한 사람을 'Why?'라는 질문을 하며 호기심을 가지고 보게 됩니다. 다양한 현상도 마찬가지입니다. 그 과정에서 최근에 인상 깊게 듣고 느졌던 이야기를 공유하고 싶습니다. 그것은 꿈에 관한 이야기입니다.

우리는 모두 꿈을 가지고 살았습니다. 하지만 나이가 들수록 그 꿈은 이상과 현실 사이에서 갈등하면서 대부분 패하고 말았습니다. 많은 사람들이 현실적인 문제 때문에 꿈을 잃어가고 있습니다. 하지만 우리는 꿈을 좇으며 살아야 합니다. 자신과의 대화를 통해 발견한 꿈을 향해 노력하고 살아가다 보면 그 꿈에 완벽하게 도달하는 삶을 살지는 못하더라도 그 은하계 어딘가에서는 놀 수 있게 됩니다. 그것도 큰 행복입니다.

또한 그 꿈을 향해 나아가는 어려운 과정이 남들에게는 힘들게 보이는 고난의 연속일지라도 자신에게는 그 과정에서 즐거움을 느끼면서 성장할 수 있는 기회가 됩니다. 우리는 남들이 말하는 성공을 따라가고자 불안한 항해를 하는 대신에 자신만의 행복이라는 나침반을 가지고 항해해야 합니다. 그리고 그 과정을 즐겨야 합니다. 그렇게 항해하다 보면 어느 순간 자신이 행복을 느낄 수 있는 그곳에 도달할 수 있습니다. 제가 그랬던 것처럼 말입니다.

5장

준비된
많은 우연에
도전하라

01
성공하려면
성공한 사람을 만나라

선한 사람들의 그늘로 들어가라

성공은 무엇일까? 남들이 똑같이 이야기하는 그런 성공 말고 진짜 당신이 원하는 성공은 무엇인가? 세상에는 수많은 성공이 존재한다. 예전처럼 하나의 모델을 따라가는 대신 자신의 꿈을 가지고 나아가다 보면 다양한 성공에 도달할 수 있을 것이다. 즉, 100명의 사람이 있다면 100가지의 성공이 있을 수 있다. 그 꿈을 따라가기 위해서는 우선 나만의 성공을 그려보는 게 가장 중요하다. 그다음에 자신이 원하는 방향으로 자신보다 먼저 나아간 사람을 찾아보면 큰 도움이 된다.

세상에는 정말 다양한 사람들이 존재한다. 사실 나는 과거에 우물 안의 개구리처럼 살았다. 나 잘난 맛에 작은 성공에 도취되어 우물 안을 벗어나지 못했다.

하지만 어느 순간 무엇인가를 배우려 하고, 그 과정에서 사람들을 만나게 되었다. 그때 만난 사람들은 에너지가 넘치고, 호의적이었으며, 서로에게 배우려고 노력하고 있었다. 그것은 자연스레 나에게도 전염되었다. 나는 다양한 분야의 훌륭한 사람들을 만나려고 시도했다. 《총각네 야채가게》의 저자인 이영석 대표를 만났고, 그외에도 관심이 가는 사람이라면 주저하지 않고 만남을 청했다.

또한 〈파워컬리지〉의 조영석 소장을 통해 여러 분야의 사람들을 만날 기회를 얻었는데, 참 배울 게 많은 분이라는 생각에 존경심이 생겼다. 나는 그 전까지만 해도 각개전투에 능했다. 순간순간 임기응변과 순발력으로 비즈니스에서 살아남았지만 항상 시스템화 하지 못해 사업의 규모를 키우지 못한다는 느낌을 받아왔다. 나는 나의 부족한 부분을 조영석 대표에게 배울 수 있었고, 특히 〈파워컬리지〉를 통해 수많은 저자 및 지식 자본가들과 교류허면서 나를 채찍질하는 계기로 삼고 소통하며 좋은 영향력을 주고받을 수 있었다.

인생의 멘토를 찾는 방법

인생에서 많으면 많을수록 좋은 것으로는 무엇이 있을까? 돈이나 재물, 재능 등 많은 것들이 있겠지만, 나는 그중 하나가 인생의 멘토라고 생각한다. 다행히도 나는 인생의 많은 멘토들 덕분에 비교적 수월하게 방향성을 가지고 인생이라는 길에서 앞으로 나아갈 수 있었다. 그렇다면 인생의 멘토를 어떻게 찾아야 할까?

첫째는 자신의 관심 분야나 일하는 분야에서 최고인 사람을 찾는 것이다. 나 역시 당시에 야구용품 업계에서 유명했던 김선원 사장님을 만난 이후로 비즈니스뿐 아니라 인생의 지혜를 얻을 수 있었다. 간절한 마음이 진실이라면 그들도 도와주고자 노력할 것이다. 입장을 바꿔 생각해보면 나 역시 40대가 되었을 때 인생의 후배가 나에게 도움을 요청한다면 기꺼이 응할 생각이 있다.

둘째는 좋은 책을 많이 읽고 저자를 만나보라는 것이다. 책을 읽다 보면 그중에서 유독 나에게 도움이 되는 책이 있을 것이다. 저자의 가치관을 배우고 싶은 생각이 들면 책으로만 만족하지 말고 이메일을 보내거나 강연회를 찾아가 저자와의 만남을 시도해보라. 나는 책이 그 저자의 전부라고 생각하지 않는다. 그들에게는 빙산의 일각처럼 겉으로 드러나지 않은 엄청난 내공이 있다고 확신하기 때문이다. 저자와 만나는 일은 충분한 가치가 있는 일이다. 가능하면 첫 만남으로 끝내지 말고 만남을 지속할 수 있게 노력하면 더 많은 걸 느끼고 배울 수 있을 것이다.

멘토는 많은 시행착오를 줄여줄 수 있는 인생의 내비게이션이다. 그들이 먼저 멘토가 되겠다고 자처하는 일을 기대한다면 그날이 언제가 될지 모른다. 확실히 컨트롤할 수 있는 것은 오직 나뿐이다. 먼저 만남을 요청하고 시도해보라. 분명 당신의 주변에 좋은 멘토가 생길 것이다.

한비야 님이 쓴 책을 보면 "인연의 싹은 하늘이 준비하지만 그 싹을 뿌리내리고 꽃피우는 것은 우리 사람들의 몫이다!"라는 구절이 있다. 나는 이 말이 인간관계에서 참 의미 있는 말이라고 생각한다. 하늘이 주신 소중한 인연을 튼튼히 뿌리내리고 꽃피울 수 있도록 노력해보라! 머지않아 훌륭한 열매를 맺을 것이다.

책 속에서 길을 찾아보자

나는 성인이 되면서부터 책을 좋아하게 되었다. 그 이유는 간단하다. 무엇보다 피드백이 빨리 왔기 때문이다. 나는 어릴 적에는 책을 읽는 것보다는 운동하고 놀기를 좋아하는 학생이었다. 대학에 입학하고 나니 집이 있는 부천에서 내가 다니는 학교까지 통학시간이 약 90분 정도 걸렸다. 그런데 운이 좋게도 통학 길에 지하철에서 항상 자리에 앉아서 갈 수 있어서 자연스럽게 책을 보기 시작했다. 이렇게 시작한 책 읽기에 속도가 붙자 갈 때 한 권, 올 때 한 권을 볼수 있을 정도가 되었다.

그때 나는 학교생활과 더불어 야구용품 관련 세일즈 아르바이트를 하고 있었다. 내가 써보고 좋은 제품에 대한 후기를 작성해 올리고 만족한 제품을 직접 판매하는 방식이었다. 그러다 보니 만나는 사람도 많아지고 사회성도 생기기 시작했다. 이때 책에서 얻은 교훈이나 핵심 키포인트를 적용해보면 효과가 바로바로 나타났다.

그렇게 자연스레 책의 효과를 체감하면서 책에서 많은 것을 배울 수 있었다. 책은 고르는 행위 그 자체만으로도 인생에 큰 도움을 준다. 스스로의 관심사를 생각하고 파악할 수 있으며, 선택이라는 작은 의사결정의 기회를 제공하기 때문이다.

책 안에는 성공한 사람들이 경험하고 알게 된 가치 있는 노하우가 가득 담겨 있다. 실제로 주변의 저자들은 자신의 책 속에 자기만의 노하우를 효과적으로 담아 독자에게 전달하기 위해 많은 노력을 한다. 다양한 분야에서 풍부한 경험을 쌓은 사람의 책을 읽다 보면 그의 생각에 내 생각이 더해지면서 불현듯 좋은 아이디어가 떠오르기도 한다.

책 속에는 수많은 길이 있다. 먼저 걸어간 사람들을 따라 내가 앞으로 가야 할 길에 대한 생각을 정립할 수 있는 소중한 기회가 무수히 많다. 책이라는 소중한 기회의 보물창고를 찾아 읽고 그 발자취를 따라 당신만의 인생을 설계해보는 것이야말로 인간으로 태어나 누릴 수 있는 특권 중의 특권이라고 할 수 있다.

02
잘 노는 사람이
더 크게 성공한다

잘 놀아야 기회도 온다

지금 우리가 열심히 사는 이유는 행복하게 살고 싶어서이다. 미래의 기회는 바로 여기에 있다. 미래에는 지금보다 더 잘 노는 사람이 더 크게 성공하는 시대가 될 것이다. 왜 그럴까? 앞으로 우리 삶에서 요구되는 핵심 능력 중 하나는 무슨 일이든 재미있게 하는 능력이 될 것이다. 다양한 분야에서 특정 전문기술보다도 그것을 쉽고 흥미롭게 풀어낼 수 있는 사람에게 더 큰 경쟁력이 있는 시대가 올 것이다. 다음은 앨빈 토플러가 한국의 교육 체제에 대해 말한 내용이다.

"한국에서 가장 이해할 수 없는 것은 교육이 정반대로 가고 있다는 점이다. 한국 학생들은 하루 평균 10시간 이상을 학교와 학원에서 자신이 살아갈 미래에 필요하지도 않은 지식을 배우기 위해 그리고 존재하지도 않을 직업을 위해 아까운 시간을 허비하고 있다."

모두들 이 말에 공감할 것이다. 그렇다면 앞으로는 교육이 어떻게 가야 할까? 나는 잘 노는 방법을 가르쳐야 한다고 생각한다.

그 이유는 첫째, 재미있으면 창의적이 되기 때문이다. 우리의 뇌는 기분이 좋으면 엔돌핀이라는 호르몬이 나온다. 당신은 즐거웠을 때 긍정적인 에너지가 충만해졌던 것을 기억할 것이다. 잘 노는 사람의 뇌는 긍정적이고 더 많은 창의력을 발휘한다.

둘째는 시대의 변화, 즉 먹고사는 것이 중요한 시대에서 행복과 재미를 추구하며 즐기는 시대로 바뀌었기 때문이다. 앞으로 우리는 100세 이상을 살게 될 것이다. 이는 인류가 이제껏 한 번도 경험해보지 못한 문제이다. 이에 현명하게 대처하기 위해서는 자기만의 행복과 즐거움을 찾는 방법을 연구해야 한다. 단순히 남을 따라가는 행복이 아니라 자신만의 행복을 추구해야 한다. 자신의 재미를 찾기 위해서는 자신이 무엇을 좋아하는지 알기 위해 노력해야 한다. 행복과 재미를 추구하는 시대로의 변화는 실제로 상당 부분이 이미 진행되고 있다.

지금 이 시기는 우리가 미래를 준비하는 시간이기도 하다. 바로 지금, 우리가 꿈꿀 수 있는 미래의 즐거운 인생에 대해 생각해보라. 지금 이 시간을 즐길 수 있어야 미래의 시간도 제대로 즐길 수 있을 것이다.

어떻게 해야 잘 노는 것일까?

잘 논다는 것은 유흥으로 시간을 보내는 것을 말하는 것이 아니다. 이런 재미를 행복이라고 말할 수는 없다. 그럼 정말로 잘 노는 것은 무엇일까?

첫째, 자신이 즐거워야 한다. 무언가를 하면서 스스로 재미를 느껴야 하는 것이다.

둘째, 그 재미를 통해서 성장해야 한다.

셋째, 사소한 데서 재미를 찾아야 한다.

하지만 잘 놀라고 하면 사람들은 너무 어렵다고 말한다. 노는 것이 어렵다니 말이 되는가. 그렇다면 잘 놀 수 있는 방법은 무엇일까? 어떻게 하면 잘 놀 수 있을까?

첫 번째로 혼자만의 시간을 가져야 한다. 자신이 즐길 수 있는 것을 찾고 자신에 대해서 자기 자신과 많은 대화를 해야 한다. 두 번째는 마음이 시키는 대로 해봐야 한다. 우리는 지금까지 남이 만들어놓은 기준에 맞춰 살고자 노력해왔다. 그렇기 때문에 즐겁지도 않을 뿐 아니라 하기도 어려웠던 것이다. 세 번째는 부담감을 떨쳐내고 가볍게 시도해보는 것이다. 미리 겁먹고 걱정할 필요 없다. 가끔 이런 질문을 받는다. 어떻게 그렇게 시도를 할 수 있었냐고. 나는 이렇게 대답한다.

"그냥 해본 것뿐입니다. 잘 안 될 수도 있습니다. 하지만 해보고 안 된 것과 해보지도 않았기 때문에 안 된 것의 차이는 큽니다. 해보고 안 되면 방법을 찾으면 되고, 또 안 될 거라 생각하던 일이 의외로 쉽게 될 수도 있습니다."

네 번째는 '어떻게 하면 재미있을까?'를 고민하며 재미를 추구해야 한다. 우리가 하는 행동의 대부분은 결국 재미있고 행복해지기 위해서이다. 그러나 정작 이것을 많이 잊고 살다 보니 삶이 무미건조해지고 있는 것이다.

'어떻게 하면 인생이 재밌을까?', '뭐 재미난 일이 없을까?'를 고민해보라! 어린 시절로 돌아가보라! 생각만으로도 충분하다. 그리고 삶에 대해 다양한 관심을 가져보라. 하나의 관심이 다양한 관심이 되고, 관심 있고 좋아하는 것을 즐기다 보면 더 높은 수준으로 성장하는 자신을 느끼게 될 것이다. 그리고 이렇게 인생을 계속 즐기다 보면 삶이 더욱 풍요로워질 것이다.

03
경험하고
기록하는 것의 힘

기록을 통해 성장의 차별화 전략을 세우자

경쟁이 치열한 세상이다. 경쟁이 심하지 않을 때는 남들 따라 흘러가도 기회가 나에게까지 올 수 있었다. 하지만 경쟁이 치열해지면서 적극적으로 자신을 어필하지 않으면 안 되는 현실에 봉착했다. 이로 인해 자신에게 기회가 올 확률이 점점 더 낮아지고 있다.

적자생존, 이 말이 요즘에는 적는 사람이 살아남는다는 뜻으로 재미있게 풀이되기도 한다. 이 말처럼 다른 사람에게 자신을 어필하는 방법 중 하나는 적는 것이다. 적는 것에는 다양한 방법이 있다. 개인적인 일기부터 회사에 제출하는 제안서는 물론 자신의 명성을 높이기 위한 책 쓰기까지 무궁무진하다.

최근 들어 기업에서도 글쓰기 관련 교육이 늘어나고 있다. 또한 지자체에서는 자서전 쓰기 붐이 일고 있다. 마치 기록하기의 시대로 돌입한 느낌이다. 사실 말하기는 글을 쓰는 것에 비해 상대적으로 쉽고, 표정 등으로 표현할 수도 있다. 반면 글쓰기는 오직 글만으로 자신의 경험과 지식을 토대로 논리나 주장 등을 펼치는 고도의 작업이다. 말보다 훨씬 솔직하면서도 시간도 오래 걸리는 어려운 작업인 것이다.

그렇다면 기록, 즉 글쓰기는 어떻게 향상시킬 수 있을까? 그중에서 내가 추천하는 방법은 블로그를 활용하라는 것이다. 그 이유는 첫째, 무료이고, 둘째, 내가 남긴 기록을 많은 사람들이 쉽게 검색해서 볼 수 있으며, 셋째, 관리와 운영이 쉽고 편하기 때문이다.

블로그를 통해 자신의 일상과 관심사, 생각을 정리하다 보면 자신의 삶을 위한 소중한 공부가 되고, 이런 기록들이 쌓이면 소중한 정보가 될 수 있다. 또한 자신이 올린 글이 의미 있는 콘텐츠로 자리 잡는다면 그 분야의 전문가로서 입지를 다질 수도 있고, 그것이 미래에는 큰 자산이 될 수도 있다.

그리고 또 한 가지 추천하는 방법이 메모하고 기록하는 습관이다. 노트 또는 수첩에 하루 일정을 미리 계획하고 메모하는 습관을 들여보라. 메모하고 기록하다 보면 상상의 나래를 펼 수 있을 뿐만 아니라 자신의 계획을 실행하고 달성하는 놀라운 경험을 하게 될 것이다.

효과적으로 기록하는 방법

'기록을 하긴 해야겠는데 무엇을 기록해야 하지?'라는 생각이 들 수도 있다. 기록할 내용의 범위를 굳이 한정 지을 필요는 없다. 어떤 것이든 상관없다. 첫째, 자신의 인생에서 가치 있는 경험을 우선 기록하고, 둘째로 자신의 관심 분야를 기록하고, 셋째는 자신의 전문 분야를 기록하는 것이 좋다.

요즘은 글쓰기 전성시대다. 인생에서 조금 더 적극적인 액션을 취하는 중요한 방법 중에 하나가 글쓰기다. 자신의 지식과 생각을 글로 표현하는 것은 아주 중요한 능력이라고 할 수 있다.

그렇다면 어떻게 해야 효과적으로 글을 쓸 수 있을까?

첫째, 하루에 일정 시간을 글을 쓰는 데 투자하라. 처음에는 생각했던 것보다 시간이 많이 드는 데다 힘들기도 하고 결과물이 마음에 안 들 수도 있지만, 계속하다 보면 스스로도 놀라울 정도로 발전하는 모습을 확인할 수 있을 것이다.

둘째, 잘 쓰려고 하지 말고 우선은 무조건 그냥 써라. 하다 보면 잘해지는 것은 당연한 이치다. 처음부터 잘하지 못한다고 절망할 필요 없다. 부담 없이 그냥 써야 한다. 실력은 그냥 쓰는 과정을 반복하는 사이에 쑥쑥 자란다.

셋째, 자신의 전문 분야를 써라. 그러다 보면 들인 시간에 비해 효과가 빨리 나타난다. 효과를 보고 나면 더 열심히 하고 싶은 마음이 들어 선순환하게 될 것이다.

넷째, 관심 분야를 찾아서 좋아하는 분야의 자료를 수집하고 기록하라. 글쓰기는 자료의 싸움이기도 하다. 자료가 없이 글을 쓰다 보면 진도가 늦고, 쉽게 지쳐 포기하기 마련이다.

성공한 많은 사람들의 공통적인 특징 중 하나가 메모하고 기록하는 습관이다. 하루하루 인생의 값진 경험을 아깝게 흘려버리지 말고 잘 기록하고 정리해서 미래의 자산으로 만든다면 지금 이 시간도 더 소중하게 느끼면서 더욱 열심히 살아갈 수 있을 것이다.

느낌표와 물음표가 있는 삶

남들의 지식과 경험에 감탄만 하는 사람들이 있다. 그들은 다른 사람들이 블로그 등 SNS에 올린 글과 사진을 보면서 "와, 좋겠다!", "나도 하고 싶다!", "맛있겠다!"라고 말한다. 많은 것을 느끼는 삶이 나쁜 것만은 아니다. 하지만 더 발전적인 삶을 살려면 느낌표 다음에 물음표를 더해야 한다. 신영복 선생님은《담론》이라는 책에서 이렇게 말했다.

"소비를 통해 자기 정체성을 만들어낼 수는 없다. 인간의 정체성은 생산을 통해 형성된다."

감탄만 하는 삶은 순간 행복하거나 잠깐 동안 만족할 수는 있겠지만 결국 인생에서 달라지는 것은 없다. 이는 앙꼬 없는 찐빵과 같다. 자신의 인생에서 자기 것이 없는 삶을 사는 것과 마찬가지다. 우리는 인생에서 자신의 경험을 만들고 쌓고 콘텐츠를 만들어야 한다. 이것은 우리가 배운 주입식 교육으로는 만들 수 없다. '아하, 그렇구나!'라고 배운 것에서 멈추지 말고 계속해서 '왜?', '어떻게?'라고 질문한 후 나의 생각과 나의 경험을 더해야 나의 것, 나만의 것이 만들어진다.

이런 과정에서 최고의 진짜 공부는 글쓰기다. 글쓰기는 생각이 축적된 지적 산물이다. 나의 생각이 있어야 글로 표현할 수 있다. 생각을 숙성시키기 위해서 우리는 많은 느낌표를 물음표로 바꾸고, 이를 다시 느낌표로 만들어야 한다.

04
만나는 사람이
인생을 바꾼다

왜 만남이 인생을 바꾸는가?

나는 정말 멋진 인생을 살고 싶었다. 지금까지 단 한순간도 그 사실을 믿어 의심치 않았다. 그런데 살다 보니 꼭 원하는 대로 일이 풀리지는 않았다. 왜 그럴까? 나는 우물 안 개구리였다. 우물 안에서 작은 성과에 도취되어 '이 정도면 됐지'라고 만족하면서 시간을 흘려보냈다.

그런데 우연한 기회에 많은 훌륭한 사람들을 만나면서 우물 밖으로 나올 수 있었다. 누구에게나 우물이 존재한다. 그런데 멋진 인생을 살기 위해서는 반드시 그 우물 안에서 탈출해야 한다. 가장 좋은 방법 방법은 만남을 통해서다. 좋은 사람들 속에서 서로 즐겁게 소통하다 보면 어느새 우물 안을 벗어나 성장하는 자신을 발견하는 즐거움을 맛볼 수 있을 것이다.

좋은 만남에 투자하라

만남이 중요한 만큼 가능하면 좋은 만남을 갖기 위해 노력해야 한다. 나는 스물여덟 살에서 서른 살 무렵이 가장 힘들었다. 그 당시 나는 여러 악조건에 빠진 상황이었다. 수억 원의 빚을 지기는 내 인생에서 처음 있는 일이었다. 나는 언제나 나 자신의 신용을 믿어 의심치 않았다. 나는 스스로 신용이 좋은 사람이라고 생각했다. 하지만 신용을 지키는 것이 매우 어려운 일임을 깨닫고 많은 대가를 치렀다.

그러면서 자신감도 점점 없어졌다. 당시 나는 오래된 친구들에게 위로받고 싶었다. 하지만 주위 친구들 모두 자신의 고통과 어려움을 호소하는 통에 내 이야기는 꺼낼 수도 없었다. 그러다 보니 그런 만남이 계속될수록 의미 없이 신세만 한탄하는 모습이 좋지 않게 느껴졌다. 나는 그때까지만 하더라도 만나는 사람은 다양했지만 익숙한 사람들만 지속적으로 만나고 있었다.

나는 이때부터 익숙한 것과의 결별을 시도했다. 항상 만나는 사람과 만나서 신세를 한탄하는 것보다 다양한 사람들과 더 자주 만나 나의 문제를 해결해야겠다고 생각하고 이를 실행에 옮겼다. 우선 동종 업계의 리스트를 뽑아서 일일이 찾아다니며 궁금한 것을 질문하고 이야기를 나누었다. 그러다 보니 업계의 소식을 더 잘 알게 되고, 비슷한 고민에 대해 의견을 나눌 수 있는 사람이 생기면서 경쟁 업체가 협력업체로 바뀌었다. 그때 이루 말할 수 없을 만큼 많은 효과가 있었는데, 나는 무엇보다 그 과정이 재미있었다.

그 뒤부터 어려웠던 상황을 주위의 도움으로 조금씩 해결할 수 있었다. 동종 업계에서 일하는 분들을 만난 것은 내가 먼저 다가간 결과였다. 노는 물이 달라지다 보니 점점 더 긍정적인 생각을 하게 되고 그 전까지만 해도 막연하던 꿈이 눈앞에 보이기 시작했다.

좋은 만남을 위해서는 기본적으로 좋은 만남의 기회를 만들어야 한다. 가만히 있으면 그 기회가 내 손에 들어올 리 만무하다. 나는 지금도 좋은 만남에 시간과 돈을 투자하고 있다. 어떤 사람과 만나느냐에 따라 보는 세상이 달라지고 인생이 달라진다.

나 자신을 명품으로 만들자

대학교 때의 일이다. 친한 친구 중에 집이 매우 부유한 친구가 있었다. 작은 아버지가 이른바 힘 있는 사람이었고, 아버지와 할아버지도 사회에서 성공한 사람이었다. 그 친구는 말끝마다 우리 아버지, 우리 작은 아버지, 우리 할아버지를 입에 달고 살았다.

어느 날이었다. 나는 그날따라 그 말이 너무 듣기 싫어서 나도 모르게 그 친구에게 "그런데 넌 뭔데?"라고 쏘아붙이고 말았다. 자기 힘이 아니라 할아버지, 아버지, 작은 아버지에게 기대어 살아가면서 그걸 잘난 척하며 이야기하는 게 한심하고 좋지 않게 보였던 것이다. 여기서 친구가 말한 할아버지, 아버지, 작은 아버지는 우리가 흔히 말하는 백그라운드다. 나는 이것이 정말 가치가 없는 거라고 생각한다. 정작 중요한 것은 자기 자신이다. 내가 올바르게 행동하고 인연을 소중히 여기며 신뢰를 중요시한다면, 나를 믿어주고 지지해주고 응원해주고 조언과 비판을 해줄 수 있는 진짜 백이 생길 것이다.

"인연의 씨앗은 하늘이 준비하지만 그 씨앗을 뿌리내리고 싹 틔우고, 꽃피우는 것은 우리 인간의 몫이다"라는 한비야 님의 말씀처럼 인연의 싹을 뿌리내리고 꽃피우게 하기 위해서는 많은 진심 어린 노력이 필요하다. 다시 말하지만 내 주변의 사람들은 내가 만들어나가는 것이다. 그들과 인연을 맺기 위해서는 먼저 시간과 노력을 투자해야 한다.

좋은 만남을 평생 인연으로 만들자

내가 김선원 사장님을 만난 것은 스무 살 때다. 김선원 사장님과 나는 나이 차이가 스물다섯 살 정도이다. 신뢰를 바탕으로 시작한 그때의 인연이 지금까지 이어지고 있다. 인연을 쌓아가다 보니 서로 좋은 점을 닮고자 많이 노력했고, 그 과정에서 참 많은 것을 배웠다는 생각이 든다.

그 밖에도 우연 같은 만남이 오랜 시간이 쌓이면서 좋은 인연이 된 경우가 많다. 스무 살 때 동네 운동장에서 만나서 우연히 캐치볼을 하다가 훗날 거래처 사장님이 되어서 나에게 큰 버팀목이 되어준 인생의 선배 액션이 형, 지하주차장 엘리베이터에서 내 짐을 들어주면서 만나 지금까지 10년 이상 친구이자 파트너로 지내고 있는 홍승표 사장님 등 대부분이 우연한 만남에서 시작되었지만 지금까지 인연의 끈이 계속되고 있는 것은 그보다 큰 노력이 있었기 때문이다.

그렇다면 우리는 다른 사람과의 만남을 인연으로 승화하기 위해 어떤 노력을 해야 할까?

첫째, 자신을 인정해야 한다. 나는 정말 아무것도 없을 때 나보다 많은 경험을 가진 사람들을 만났다. 그럴 수 있었던 이유는 당시 나는 정말 가진 게 아무것도 없었고, 있었다 한들 그것을 크게 생각하지 않았기 때문이다. 있는 척, 잘난 척을 하지 않았다는 이야기다. 이런저런 척을 하다 보면 처음에 한두 번은 호감을 얻을 수 있겠지만 이것이 지속될 수는 없다. 언젠가는 다 들통나고 만다. 나는 상대의 좋은 점을 보려고 노력했고, 그들에게 배우고 싶었기 때문에 나의 부족함을 솔직히 드러냈다. 그리고 그 과정에서 상대와 교감할 수 있었다.

둘째, 상대의 좋은 점을 보아야 한다. 동전에도 앞면과 뒷면이 있듯이 사람과의 관계에서도 마찬가지다. 어떤 상황에서는 좋은 사람들이, 어떤 상황에서는 그렇지 못한 경우가 있는 것을 보면 애초에 완벽한 사람을 기대하는 것 자체가 무리일 수도 있다. 우리는 한정된 시간 속에서 살고 있다. 한정된 시간과 기회가 주어진 상황에서는 좋은 것만 보고 받아들이는 것이 훨씬 효율적이다. 상대의 좋은 점만 받아들이면 자연히 안 좋은 점은 줄어들기 마련이다.

셋째, 신뢰관계를 중요시해야 한다. 상대와 신뢰관계를 쌓아나가는 데 가장 좋은 방법은 자신이 말한 바를 지키는 것이다. 나는 내가 신용이 좋은 사람이라고 생각한다. 그 이유는 내가 말한 바를 지키려고 노력하기 때문이다. 나는 많은 약속을 하지 않는다. 그 때문에 신뢰를 잃지 않을 수 있었다. 하지만 세상이 어떻게 내가 원하는 대로만 돌아가겠는가? 그동안 여러 이유로 부득이하게 신뢰를 잃을 뻔한 위기에 처한 경우가 있었는데, 이런 상황에서는 솔직하게 현재 상황에 대해서 이야기했다. 그것이 내가 사람들과 신뢰관계를 이어나갈 수 있는 특별한 비결이었다.

이처럼 우연의 만남을 지속적인 인연으로 만들기 위해서는 많은 노력이 필요하다. 우연한 만남이 지속적으로 좋은 인연이 되는 과정에서 느끼는 행복감은 이루 말할 수 없을 정도로 크다. 만남이 인생을 바꾸는 이유 중 하나는 좋은 사람 주위에는 좋은 사람이 많고, 그 사이에서 상호작용을 받으며 긍정적·적극적으로 생각하고 행동하기 때문이다. 처음 한두 번의 만남을 넘어 수년간 지속적으로 관계를 이어가려면 결국 나 자신도 그들과 끼리끼리가 되어야 한다.

좋은 만남에 투자하는 방법

1. 가벼운 마음가짐으로 만나라.

2. 먼저 웃고 손을 내밀어라.

3. 되도록 상대의 좋은 점을 보라.

4. 만남을 통해 배워라.

5. 먼저 고개 숙여 인사하라.

6. 간결한 자기소개를 준비하라.

7. 멘토를 찾아라.

8. 동종 업계의 선배를 찾아라.

9. 관심 있는 취미활동을 즐겨라.

10. 자신의 감정을 솔직히 나타내라.

05
드러나는 인상도
관리가 필요하다

첫인상의 중요성

최근 들어 나는 멋진 사람들을 점점 더 많이 만나고 있다. 그리고 그들로부터 많은 것을 느끼고 배우고 있다. 그중 하나는 디테일에 관한 것이다. 여기서 말하는 디테일은 대다수 사람들이 사소하게 여기는 부분을 놓치지 않고 그것까지도 잘 챙기는 것을 말한다. 외모도 여기에 속한다. 나는 예전에는 이렇게 생각했다.

'나는 정말 좋은 사람이다. 그러니 많은 사람들이 언젠가는 알아줄 것이다. 외모나 겉모습으로 사람을 평가하는 것은 정말 바람직하지 않아.'

그러나 지금은 어떠한가. 이런 말은 자기 자신의 합리화, 즉 변명에 불과할 뿐이다. 나는 지금은 이 말이 게으름과 나태함, 상대와 주변에 대한 배려 부족을 합리화하기 위한 변명이라는 생각이 든다. 세상은 빠르게 변해가고 있다. 우리는 그 속에서 많은 것을 결정하고, 선택해야 하는 상황에 처해 있다. 만약 당신이 다른 사람들로부터 선택받아야 한다면, 혹은 좋은 인상과 이미지를 줘야 하는 경우라면 어떨까? 충분히 선택받을 수 있을까?

이것은 나 자신을 상품이라고 생각해보면 간단하다. "보기 좋은 떡이 먹기도 좋다"라는 말이 괜히 생긴 것은 아닐 것이다. 당신이라면 후줄근한 차림의 변호사에게 일을 맡길 것인가? 아니면 깔끔하고 단정한 차림의 변호사에게 일을 맡길 것인가?

명강사로 이름을 날리고 있는 김효석 원장은 인생의 많은 부분이 설득과 관련이 있는데, 그러기 위해서는 먼저 '오픈' 과정이 필요하며, 이것은 자주 본다는 데 의미가 있다고 말한다. 그리고 자주 보기 위해서는 첫 이미지가 좋아야 다음이 기약될 수 있고 기회가 찾아 온다고 조언한다.

소개팅도 그렇고 인간관계에서도 마찬가지다. 내가 정말 좋은 사람이라고 알아주길 바라고, 그런 기회를 얻기 위해서는 상대에게 좋은 첫인상을 심어주어야 한다. EBS 다큐프라임 〈인간의 두 얼굴〉편에서 확인할 수 있듯이 실제로 많은 사람들이 첫인상으로 많은 부분을 평가하기 때문이다.

상대에게 매너와 자신감을 표현하라

외적으로 보이는 모습은 상대에 대한 배려의 일부분이라고 할 수 있다. 나는 몇 년 전까지만 해도 내가 편한 옷을 즐겨 입었다. 그리고 누군가가 내 복장에 대한 말하면 '겉모습이 뭐가 그리 중요해. 내가 당당하고 좋은 사람이면 되는 거지'라고 답하곤 했다. 그런데 어느 순간 생각이 바뀌기 시작했다.

나를 아껴주시던 한 형님이 좋은 지인들을 만날 때면 나를 그 자리에 자주 불러주셨다. 나는 '내가 평소에 술을 잘 즐기지도 않는데 형님은 왜 나를 자주 찾으실까?'라는 생각을 간혹 했다. 그런데 그때 함께 만났던 사람들이 지금까지도 나에게 좋은 형들이자 인생의 선배로 남아 있다.

어느 날 그 형님이 나의 옷차림에 대해 지적했다. 언제, 누구를, 어디서 만날지 모르니 항상 깔끔한 차림으로 다녀야 한다는 내용으로 나에 대한 애정이 담긴 조언이었다. '아, 그렇구나!' 하고 나는 그제야 옷차림이 사람을 만날 때 필요한 매너가 될 수 있겠다는 생각이 들었다.

이후 나는 깔끔하고 단정하게 입기 위해 노력했다. 그러자 주위에 준비된 사람이라는 이미지를 주게 되면서 더욱 자신감이 생겼다. 나는 겉모습이 내면의 나의 상태를 나타내기도 한다는 것을 느낄 수 있었다. 내면의 탄탄함이 겉모습으로까지 자연스럽게 나타나는 것이다.

인상도 공부와 관리가 필요하다

요즘을 '스펙 시대'라고 말한다. 나는 스펙을 진짜 스펙과 가짜 스펙으로 구분한다. 진짜 스펙은 살아가거나 자신이 해야 할 업무를 처리하는 데 필요한 것을 의미하고, 가짜 스펙은 남들 다 있으니까 있어야 하는 직무와 상관없는 과잉 스펙을 뜻한다. 예를 들면 영어를 잘하는 것은 진짜 스펙이고, 토익과 토플 점수만 높은 것은 가짜 스펙이다.

최근에는 다양한 스펙을 쌓기 위해 노력하는 사람들이 많다. 그런데 그중에는 진짜 같지만 실은 가짜이고, 가짜 같지만 실은 진짜인 스펙도 꽤 있다. 나는 그 대표적인 것 중 하나가 외모라고 생각한다. 그 이유는 인생에서 큰 효과를 볼 수 있기 때문이다. 나는 지금까지 많은 사람을 만나는 일을 해왔다.

나는 겉으로 비치는 모습으로 판단하는 사람들을 속물이라고 생각하지 않는다. 그들은 그들 나름대로 합리적인 선택을 한 것이다. 훌륭한 사람일수록 내면은 물론 자신의 외면을 표현하는 데에도 세련된 경우가 많다. 이것이 바로 디테일의 힘이다. 우리가 명품을 사면 포장부터 다르듯이 말이다. 명품을 검은 비닐 봉투에 담아준다고 생각해보라. 받는 사람의 기분이 달라질 것이다.

그렇다면 어떻게 해야 좋은 이미지를 심어줄 수 있을까? 내가 하고 싶은 말은 명품으로 치장하라는 것이 아니다. 자신을 잘 관리하고 있다는 성실함과 깔끔함을 드러내 상대에게 스마트하다는 인상을 심어주라는 것이다. 그러기 위해서는 꾸준히 운동을 하라고 권하고 싶다.

나는 체육을 전공했고, 그것을 한 번도 후회한 적이 없다. 운동을 좋아하기도 했지만 살아가는 데 필요한 좋은 점을 많이 얻을 수 있었기 때문이다. 그중 하나로 건강에 대한 소중함을 느낀 것을 들수 있다. 운동을 하면 몸과 마음이 튼튼해지고, 자신감이라는 갑옷을 입게 된다. 그것은 자연스레 생기와 활기로 표출되는데, 이 에너지가 상대에게 큰 호감을 줄 수 있다.

하나 더 강조하고 싶은 것은 패션이다. 사회생활에서 패션은 센스라기보다는 비즈니스 스킬이라고 할 수 있다. 이것은 일본 최대 편집샵 중 하나인 빔즈의 한 디렉터가 한 말이기도 하다. 나는 이 말에 매우 공감한다. 우리는 각각의 자리에 따라 패션으로 예의를 보여주고, 상황에 맞게 스타일을 연출해야 한다.

그리고 절대 빼놓을 수 없는 것이 표정이다. 되도록이면 웃는 얼굴로 대하며 상대에게 여유를 느낄 수 있도록 해야 한다. 이 부분은 뒤에서 다시 설명하겠다.

06
누가 뭐라 해도
당신은 명품이다

명품의 조건

지금까지 나를 이끌어온 가장 중요한 키워드는 나 자신을 한정판 명품으로 생각했다는 것이다. 《한 덩이 고기도 루이비통처럼 팔아라》의 저자인 이동철은 명품을 다음의 세 단어로 표현했다. 모방 불가, 대체 불가, 측정 불가. 나 역시 이 의견에 동의한다.

명품의 조건 세 가지를 인생에 대입해보자.

먼저 첫째로 모방 불가. 세상에서 나는 유일한 존재다. 나와 비슷한 사람은 있을 수 있지만 나는 세상에 하나뿐이다. 그런 소중한 존재인 나는 어떤 삶을 살아야 할까? 나만의 장점을 살리고 나만의 경험을 만들고자 노력하면서 내가 잘할 수 있는 일, 내가 즐길 수 있는 일을 해야 한다.

둘째로 대체 불가. 이를 위해 자신의 삶을 점검해보기 바란다. 대체 가능한가 아니면 대체 불가능한가? 대체 불가능한 자신만의 무엇을 만들기 위한 노력을 해야 한다. 그리고 어떤 상황에서도 나다움을 찾아 깊이를 만들어야 한다. 깊이가 생기면 대체 불가한 존재가 될 수 있다.

셋째로 측정 불가. 나는 학창 시절부터 지금까지 나의 가치를 남에게 평가받는 일을 해본 적이 없다. 그 이유는 나의 가치는 내가 결정한다는 믿음에서 비롯했다. 나는 아르바이트를 할 때에도 시간당 얼마에 나의 가치를 거래하는 일이 아닌 나만의 방법을 통해 주도적으로 성과를 만들어내는 일을 즐겼는데, 이런 과정이 누적되면서 경험과 생각이 달라지고 깊이가 생겨났다.

내 능력을 평가하는 것은 남이 아닌 바로 나 자신이다. 앞으로 기계처럼 부품화되지 않으려면 대체 불가, 모방 불가, 측정 불가한 명품 같은 사람이 되어야 한다. 이것은 앞으로 우리가 살아갈 시대에 닥칠 분명한 숙제다.

자신감, 그 작은 차이가 명품을 만든다

"작은 차이가 명품을 만든다."

어느 회사의 광고 문구다. 우리 삶에도 명품이 있다. 명품 같은 삶의 뿌리는 자신감에서 비롯된다. 이 자신감의 차이가 다른 행동을 불러오고 결국 명품 같은 삶을 살게 한다. 스스로가 자기 자신을 명품이라고 믿어야 하는 것이다.

유명한 배우들을 보면 정작 많은 작품에 출연하지 않는 경우가 많다. 그들은 더 발전하고 성장하기 위해 칼을 갈며 기다렸다가 정말 좋은 작품, 자신과 잘 맞는 작품이라는 확신이 섰을 때 작품을 선택한 다음 그 작품에 온 힘과 정신을 다해 몰입한다. 우리 삶도 마찬가지다. 항상 모든 것에서 최고가 된다는 것은 사실 무리다. 우리는 적절한 순간에 자신만의 존재감을 확실히 드러낼 수 있도록 스스로를 끊임없이 갈고닦아야 한다.

그러기 위해서는 조바심을 버려야 한다. 이는 좌고우면을 하라는 의미가 아니다. 자신이 명품이라는 것을 믿고 여유를 가지고 심사숙고해서 대체 불가, 모방 불가, 측정 불가한 존재가 되기 위해 계속 노력해야 한다는 것을 의미한다. 각각의 보석이 자기만의 빛깔이 있듯이 우리도 나만의 빛깔을 낼 수 있게 노력해야 한다.

05

최고의 경청 전문가를 꿈꾼다
경청택시_ 함준선

함준선 군은 내가 아끼는 후배이자 동생이다. 그는 부동산 분야에서 일했는데 어느 날 갑자기 하던 일을 그만두고 택시를 운전하기 시작했다. 그때는 그의 선택이 의아했는데 알고 보니 깊은 뜻이 있었다. 안정된 일을 뒤로하고 그는 매일 새벽 택시에 몸을 싣는다. 그리고 다양한 사람을 만나기 위해 사방을 돌아다닌다. 그가 바로 대한민국 최초로 최고의 경청 전문가를 꿈꾸는 함준선이다.

Q: 하던 일을 그만두고 택시에 몸을 실은 이유가 무엇인가요?

저는 지금까지 다양한 일들을 해왔어요. 그중 가장 최근에 한 일은 부동산 분양 사무소에서 일한 거였어요. 일도 잘되었고 다양한 사람을 많이 만날 수 있어서 좋았지만 시간이 흐를수록 제 자신이 타락하는 것을 느낄 수 있었어요. 경제적으로는 풍족하고 제가 일하는 분야에서 인정도 받았지만 잦은 술자리로 몸이 망가지고 있었어요. 또 분양을 하기 위해 거짓으로 설득해야 했고, 낮과 밤이 바뀌어서 불규칙적인 생활도 해야 했지요.

많은 고민 끝에 좀 더 가치 있는 일을 지속적으로 하고 싶다는 생각이 들었습니다. 서른이 되니 인생에 대해 더 많이 고민하게 되었는데 결혼할 시기도 다가오고 자식에게 부끄럽지 않은 자랑스러운 아빠가 되고 싶다는 생각이 들더군요. 그래서 돈만 버는 일보다 가치가 있는 일을 해보고자 하던 일을 그만두고 경청 전문가가 되기 위해 택시 운전을 하게 되었습니다.

Q: 왜 택시를 선택했나요?

저는 사람을 통해서 가장 많은 것을 얻고 배울 수 있다고 생각해요. 저는 진짜 경험이 최고의 공부라고 생각합니다. 저는 아직까지 삶의 깊이가 그리 깊지 않은 것 같아서 다양한 사람을 만나고 그들의 이야기를 들어주면서 그들에게 위로를 주고 저 또한 성장하고 싶었어요. 잘 들어주는 것만으로도 한 사람을 치유할 수 있잖아요.

저는 나이를 불문하고 각계각층의 다양한 사람을 만나보고 싶었어요. 다양한 사람을 만날 수 있는 방법이 바로 택시였어요. 저는 경청 전문가가 되기 위해 한 평이 채 되지 않는 공간에서 〈함준선의 0.5평의 경청 이야기〉를 콘텐츠로 만들었어요. 저는 누군가에게 도움이 되고, 저 스스로 가치 있다고 느끼는 일을 하고 싶었고, 그 일이 지금의 경청 택시를 시작하게 된 계기입니다.

Q: 주위의 반응은 어땠나요?

처음에는 "왜?", "무슨 일 있어?" 등 황당해하는 반응이 대부분이었어요. 그도 그럴 것이 저는 부동산 분양 업계에서 성과를 인정받고 있었고, 현재 택시를 몰면서 버는 수입이 그 전 수입의 10퍼센트도 되지 않으니까요. 또 제 주위 분들에게는 택시기사라는 이미지가 그리 긍정적인 이미지가 아니었는지 왜 하필 택시냐는 질문도 많이 받았어요.

하지만 시간이 두 달 정도 흐르고 나니 제가 페이스북이나 블로그 등에 올린 글이나 사진 등을 통해 제가 단순히 택시 운전만을 위해 일을 하는 것이 아니라는 것이 보였나 봐요. 요즘에는 저를 응원해주시는 분들도 많아졌어요. 전에는 부정적이던 반응이 긍정적으로 많이 바뀌었고, 저에게 호기심을 가지는 분들도 있어요.

Q: 경청 전문가로 도전하고 있는 요즘은 어떤가요?

여러 가지로 만족스러워요. 지금도 여전히 불안하게 보는 사람들이 있지만 저는 상당히 만족하고 행복합니다. 그 이유는 우선 제가 고민하고 선택한 결정이기 때문이에요. 그 전까지의 삶은 저로서 살아가기보다는 그냥 흐르는 대로 살아졌던 삶이라고 할 수 있어요. 저는 경청 전문가로서 한 발, 한 발 나아가는 삶에서 행복을 느끼고 있어요.

두 번째 이유는 하루가 쌓여가는 느낌 때문입니다. 저는 택시를 타고 만났던 수많은 사람들과 함께한 경험이 쌓여가고 있는 것에 만족합니다. 저는 매일 제가 경험한 일을 페이스북, 블로그 등에 기록하고 있어요. 아직 확실하지는 않지만 제 경험이 누적되어 성숙하면 저만의 콘텐츠가 될 수 있을 것 같아요.

세 번째는 제 선택에 대한 확신이 들기 때문이에요. 많은 고민 끝에 이 길을 선택했지만 불안감이 전혀 없었던 것은 아니에요. 하지만 시간이 흐를수록 제 선택을 확신하면서 주위의 평가가 바뀌는 것을 느끼고 응원을 받으면서 더 큰 확신을 얻게 되었어요. 저는 지금 아주 행복합니다.

아직은 갈 길이 멀지만 벌써부터 여러 곳에서 강의 요청이 들어와 강의를 하기도 했어요. 최근에는 진심 어린 응원과 함께 팁을 주시는 손님들도 많이 있어요. 그런 분들의 진심 어린 응원이 있기에 더욱 힘이 나고 행복합니다.

Q: 경청 전문가로 도전할 수 있었던 원동력은 무엇인가요?

앞서 이야기한 대로 저는 남들이 말하는 과감한 실행력 같은 단어로 설명할 수 있는 그런 행동을 한 것은 아니에요. 그보다는 저 스스로에게 많은 질문을 하면서 고민했어요. 그리고 주위의 존경하는 선배들에게 자문을 구하고 그것을 바탕으로 다시 많은 고민을 했어요. 고민을 거듭한 끝에 결국 확신이 들고 용기가 생겼어요. 사실 저도 요즘 20대 후배들에게 조언해줄 입장이 되다 보니 조금 더 신중해졌어요. 그들에게 "그냥 해봐!"라고 과감하게 조언을 해주기보다는 당장 정답을 찾지 못하더라도 자신에게 집중해보라는 조언을 많이 해요. 결국 자신에게 도전하라는 이야기지요.

제가 경청 전문가에 도전할 수 있었던 원동력도 마찬가지예요. 저는 제 자신에게 도전했어요. 자신에게 질문하고 답하는 것을 반복하다 보니 확신과 믿음과 용기가 생겼어요. 그래서 저 역시 후배들에게 이렇게 조언해요. 자신과 더 많은 대화를 하라고요. 결국 인생은 자기가 살아가는 것이라고요. 저는 요즘 살아지는 인생과 내가 살아가는 인생의 차이를 느끼고 있어요. 도전을 통해 얻은 것은 내가 살아가는 인생이었어요.

Q: 마지막으로 하고 싶은 말은 무엇인가요?

저는 요즘 행복해요. 가만히 생각해보면 물질적인 면에서나 시간적인 여유는 전보다 많이 부족한 상황이에요. 하지만 이것만은 확실합니다. 저는 전보다 훨씬 행복해요. 이 행복 에너지가 외부로도 많이 드러나는지 주변 분들이 "좋아졌다", "좋아 보인다"라고 말해주세요. 무엇 때문일까요? 저는 그 이유가 제 스스로 가치 있다고 생각하는 일을 하고 있고, 제가 치열하게 고민하고 생각한 일에 도전했기 때문이라고 생각합니다.

제가 경청 택시를 몰게 된 것이 불과 3개월 전이에요. 그 3개월 동안 일어난 변화가 지금까지 30년간 있었던 삶의 변화보다 더 클 뿐만 아니라 극적으로 느껴집니다. 저는 예전보다 행복한 부자가 되고 있습니다. 이것은 자기가 스스로 행복에 도전할 때 얻을 수 있는 것입니다!

6장

도전하는 데에도
기술이 있다

01
나의
진심을 물어라

진정으로 원하는 것이 무엇인가?

수많은 사람들이 수만 가지의 방법으로 살아가고 있다. 하지만 모두가 원하는 만큼 성과를 내는 것은 아니다. 훌륭한 사람들의 특징을 찾아보면, 그들의 삶에는 특별한 깊이가 있음을 확인할 수 있다. 실제로 그들은 자신의 전문 분야에서 꾸준한 관심을 기울여 얻은 깊이 있는 지식으로 가치 있는 결과물을 만들어낸 사람들이었다.

그렇다면 그들은 어떻게 자신만의 가치 있는 결과물을 만들어낼 수 있었을까? 내가 찾아낸 공통점은 그들은 다른 사람들에게 의지하지 않고 자신이 직접 고민하고 얻어낸 답을 바탕으로 꾸준히 자신만의 길을 만들어나갔다는 것이다. 이처럼 진심으로 자신에게 질문하고 그에 대한 대답을 얻어내면 자신만이 추구하는 가치를 향해 꾸준히 나아갈 수 있는 힘을 얻을 수 있다.

나와 가까운 사람이자 빙수 전문점 〈더 스노우〉를 운영하는 김수진 대표가 있다. 그는 세상의 달콤함을 만들겠다는 빙수로 전달하겠다는 비전과 함께 세계 최고의 빙수 전문점을 만들겠다는 목표를 세우고 있다. 현재 '더 스노우'는 서울 신논현 인근에 있는 10평 남짓의 작은 빙수집이지만, 상당한 매출을 올리고 있다. 사실 처음에는 모든 게 의문투성이였다. '가격도 비싼 것 같고, 근처에 경쟁 매장도 많은데 어떻게 그들과 경쟁할 수 있을까?'라고 생각했지만 그 의문은 이내 해결되었다. 그가 돈을 쫓아가는 것이 아니라 빙수에 자신의 가치를 담아내고자 하는 철학과 꿈이 있다는 것을 알았기 때문이다. 그 꿈과 목표를 확실히 하기 위해서는 자신에게 진지하게 질문하고 고민해야 한다. 그래야 그 꿈과 목표가 우리를 행동으로 이끌 수 있다.

왜, 무엇을, 어떻게?

"조금 알면 자만하고, 많이 알면 질문하고, 터득하면 겸손하다." 총각네 야채가게로 유명한 이영석 대표가 언젠가 내게 보내준 카톡의 내용이다. 실제로 인생에서 좋은 질문은 매우 큰 힘을 가지고 있다. 인간은 감정적인 동물이다. 우리 인간은 자신의 자율의지가 있을 때 진짜 가치 있는 행동을 한다.

이런 행동을 이끌어낼 수 있는 효과적인 질문으로 '왜?', '무엇을?', '어떻게?'가 있다. 이 중 특히 '왜?'라는 질문이 중요한데, 이 질문으로 우리는 본질적인 것을 물을 수 있다. 그리고 '무엇을?', '어떻게?'라는 질문을 하면 수단과 방법을 얻을 수 있다.

나는 '왜?'라는 질문을 통해 야구로 세상에 즐거움을 더하고 싶은 꿈과 목표를 가지게 되었다. 그리고 이 질문은 '무엇을?', '어떻게?'라는 질문으로 이어져 인생의 답을 더욱 쉽게 찾을 수 있었다. .

무엇인가를 하기 전에 혹은 습관적으로 '왜?'라고 질문하고 스스로 답을 찾아보라! '왜?'라는 질문을 자주 던질수록 '무엇을?', '어떻게?'라는 질문의 답 또한 넓은 시야 속에서 찾을 수 있다. 그리고 '무엇을?', '어떻게?'라는 질문을 자주 던질수록 어제와는 다른 태도로 일을 대하게 된다. 그렇게 해서 달라진 태도는 자신의 발전이라는 달콤한 열매로 이어질 것이다.

02
모든 것에
신경 쓸 필요는 없다

실행한 후 해결책을 찾자

사람들이 산삼이라도 캔 것처럼 들떠서 찾아와 "나에게 이런 아이디어가 있는데 어때? 대박이지?"라고 말하는 경우가 있다. 나는 그런 경우, 그 생각에 동의하면 "그래, 해봐!", "잘되겠네!"라고 말한다. 그러면 그들은 오히려 그 일을 시작할 수 없는 이유를 하나둘 늘어놓기 시작한다. 그럼 나는 다시 묻는다. "왜? 못하는 이유가 뭐야? 그렇게 하면 다 될 것 같은데?" 하지만 사람들은 대부분 "그러다가 잘 안 되면?" 하고 물으며 미래에 대한 고민 앞에서 스스로 무릎을 꿇는다.

세상을 살아가는 데에는 마음가짐이 상당히 중요하다. 특히 어떤 결정을 내려야 할 상황에서는 무거운 마음가짐보다는 적당히 여유롭고 가벼운 마음가짐이 필요하다. 그래야 과정은 물론 결과도 좋다. 아울러 여기서 무거운 마음가짐과 신중한 마음가짐은 별개라는 것을 알아야 한다.

우리가 지금 하는 고민의 대부분은 일어나지 않을 일에 대한 것임을 아는가? 너무 어렵게 생각하지 말고 그냥 가볍게 해보라. 최악의 결과는 일어나지 않을 것이고, 그 과정에서 결과를 만들어갈 수 있을 것이다. 그것이 바로 인간의 잠재능력이다.

일어나지도 않을 일에 대해 고민하고 신경을 집중하는 대신 일단 시작하고 해결책을 찾는 일에 집중하는 것이 훨씬 효과적인 방법이라는 것을 알아야 한다. 나 역시 도전 앞에서 수많은 질문과 고민을 했다. 그리고 그 결과 확실한 답을 얻었다. 일단 시작하고 해결책을 찾는 것이 훨씬 낫다는 것이다. 가벼운 마음으로 시작해보라. 당장은 잃을 게 많은 것처럼 느껴질 수 있지만 결국에는 더 많은 것을 얻게 될 것이다.

고민을 상대에게 넘겨라

내가 세상을 슬기롭게 살아가는 팁 중 하나로 나의 고민을 상대에게 넘기는 것이 있다. 나는 20대 말까지만 해도 억대의 빚을 지고 있었다. 수많은 고민을 했지만 당장 갚을 능력이 없었다. 당시 내가 빚을 지고 있던 분은 나 말고도 다른 사람들에게 돈을 빌려준 상황이었다. 그분에게 빚을 진 많은 사람들이 작은 돈 때문에 연락을 끊고 신의를 버리는 것을 지켜보면서 나는 인생에서 큰 공부를 할 수 있었다.

당시 나는 '이 문제를 어떻게 풀어야 할까?'라는 고민 끝에 '피하지 말고 나의 상황을 정확히 보여주자! 그리고 나서 방법을 고민해보자'라고 결론 지었다. 그후 나는 현 상황을 명확히 설명해줄 수 있는 자료를 만들기 시작했다. 그 자료에는 나의 현재 자금 상황, 재고 현황, 매출 현황과 월 유지비 등을 기록했다. 나는 그 자료를 내가 빚을 진 사장님에게 넘겨주고 어떻게 하면 좋을지를 차후에 같이 고민해보기로 했다.

그 사장님과 나는 지금까지도 좋은 인연을 계속 이어나가고 있다. 그 사장님은 그때 내가 피하지 않고 상황을 솔직히 공유했다는 점과 같이 해결책을 모색했다는 점을 높이 평가하셨다. 그리고 지금도 이러한 태도는 크게 달라지지 않았다. 모든 일은 서로의 상황에 따라 선택이 달라질 수 있다. 이때 상대의 선택을 존중하는 마음도 중요하겠지만, 그 전에 상대 또는 내가 옳은 선택을 할 수 있도록 솔직하게 정보를 공개하고 대화를 할 수 있어야 한다. 진정성을 가지고 함께 해결책을 찾아가다 보면 의외로 좋은 방법을 얻을 수 있다. 혼자 끙끙대지 말고 상대에게 공을 넘겨보라. 혼자 고민하는 것보다 좋은 결과를 얻을 수 있을 것이다.

내가 할 일, 네가 할 일, 하늘이 할 일

세상에는 세 가지 일이 있다고 한다. 첫째는 내가 할 일, 둘째는 네가 할 일, 셋째는 하늘이 할 일이 그것이다. 마음에 드는 사람에게 커피 한잔 하자고 이야기하는 것은 누가 할 일일까? 그건 내가 할 일이다. 그리고 그것을 받아들이거나 거절하는 것은 누가 할 일일까? 당연히 상대가 할 일이다. 하지만 우리는 '상대가 거절하면 어떻게 하지?'라는 고민 때문에 내가 할 일, 즉 상대에게 나의 마음을 고백하는 것을 하지 못한다.

세상에는 많은 일들과 고민이 있지만 대부분은 일어나지 않을 일들이고, 내가 해결할 수 없는 일들이라는 연구 결과가 있다. 결국 내가 할 수 있는 일들을 신경 쓰고 제대로 하면서 살아가는 것이 훨씬 효과적인 삶의 태도인 것이다.

많은 사람들이 성공을 꿈꾼다. 그렇다면 어떻게 해야 성공에 한 발짝 더 다가갈 수 있을까? 영화처럼 백마 탄 왕자를 꿈꾸는 사람도 있고, 우연찮은 기회에 인생의 반전을 꿈꿀 수도 있다. 하지만 그것은 모두 영화나 드라마에서 일어나는 일일 뿐이다. 결국 내 인생에서 성공에 한 발짝 더 다가가는 일은 내가 할 수 있는 일과 내가 해야 할 일을 조금 더 효과적으로 하는 것이다. 다른 많은 것들에 신경 쓰느라 황금 같은 인생과 시간을 흘려버리지 말고 자신의 일에 집중하고 도전하기 바란다.

03
실패에서
성공의 씨앗을 찾아라

실패에서도 배울 것이 있다

나는 무엇이든 하고 싶은 것은 해봐야 하는 성격이다. 나는 20대 후반을 보낼 때가 가장 힘들었다. 사실 처음 경험해보는 작은 실패로 인해 조금 헤맸다는 표현이 적절하다. 안 좋은 일은 겹쳐서 온다고 했던가. 나 역시 당시에는 여러 가지 안 좋은 일들이 계속해서 찾아왔다. 지금 다시 생각해보면 그것은 일정 부분 내가 만들었고, 또 그에 대한 대처와 준비도 미흡했었다.

그런 상황에서도 나는 '이거 괜찮겠다!' 싶은 것이 있으면 일단 실천해보았다. 그중 하나가 바로 'PLUS BASEBALL EXPRESS'라고 이름 붙인 이동판매점이었다. 나는 야구의 특성상 한 야구장에 여러 팀이 모인다는 점, 찾아가는 서비스와 운영비 절감을 통한 가격 파괴 등을 내세워 100퍼센트 성공을 확신했다. 나는 이 사업이 위기에 빠진 나를 구해줄 수 있을 거라고 굳게 믿었다.

하지만 결국 나는 네 달여 만에 3,500만 원 정도의 손실을 남기고 사업을 접어야 했다. 나는 그때의 일을 절대 실패라고 생각하지 않는다. 그것은 지금도 마찬가지다. 당시 3,500만 원은 나에게는 매우 큰돈이었다. 그 돈의 대부분이 빚이었기에 나로서는 정말 큰 투자였지만, 당시 나는 많은 것들을 느꼈다. 나는 이 실패를 바탕으로 다시 시작하면 성공할 수 있다는 자신감과 모든 일이 생각처럼 이루어지지 않으므로 더 꼼꼼하게 많이 생각해야 한다는 것, 마지막으로 결국 사람이 하는 일 중에서 가장 중요한 것은 사람이라는 교훈을 얻었다.

나는 경험을 통해 확실히 알 수 있었다. 실패가 절대 실패가 아니라는 것을. 나는 실패를 통해 오히려 많은 것을 배우고 느꼈다. 사실 실패보다 부끄러운 것은 시도조차 해보지 않는 것이다. 또한 그보다 더 부끄러운 것은 하고 싶은 것이 없다는 것이다. 우리에게 실패가 결코 실패가 아닌 이유는 그보다 큰 교훈을 얻을 수 있기 때문이다.

실패를 두려워하지 말고 일단 시도해보라. 우리는 지금까지 돈을 들이고 시간을 투자하면서 많은 것을 배워왔지 않은가. 학원에서 배웠던 그 어떤 것들보다 스스로 결정한 실패에서 더 많은 것을 느끼고 배울 수 있다. 실패가 절대 실패가 아닌 이유다.

작은 성공으로 성공 DNA를 쌓자

나의 가장 큰 장점을 꼽으라면 언제, 어디서나 자신감이 넘친다는 것을 들 수 있다. 이것은 의식적인 과정에서 비롯된 마음가짐과 더불어 작은 성공을 계속하는 과정에서 쌓인 것이다. 나는 특히 20대 때 자신감이 많이 쌓였는데, 그 원천은 아주 작은 성공 경험 때문이었다. 남들이 볼 때는 성공인지도 모를 정도로 작은 일들을 기분 좋게 해냈던 경험 말이다. 아무리 작은 성공이라도 계획해야 이룰 수 있다. 나는 그 작은 것들을 계획하고 준비했기 때문에 작은 목표를 이룰 수 있었고, 그 과정에서 성공 DNA가 생겨 그것을 쌓아나갈 수 있었다.

내가 했던 나만의 작은 성공 경험을 소개하면 다음과 같다. 먼저 나는 고등학교 때 수능 상위 10퍼센트 이내의 성적을 받고 싶었다. 당시 나에게는 무리한 목표였지만 나는 할 수 있다고 확신했다. 고3이 되어 첫 3월 첫 모의고사 때까지만 해도 나는 200점대 초반의 말도 안 되는 점수를 받았다. 당시 이 점수는 일반적인 인문계 고등학교에서 거의 바닥권 성적이었다.

그러나 나는 나 자신을 믿고 있었다. 남들이 볼 때는 믿기 힘들고 이상하게 들릴 수도 있겠지만 나는 내가 상위 10퍼센트 안에 들 수 있다는 믿음을 항상 가지고 있었다. 나는 고2 겨울방학 때부터 확실한 목표를 세우기 시작했다. 먼저 나의 현재 성적을 분석했다. 그런 다음 수능 영역 중 국, 영, 수, 사, 과에서 비교적 점수가 잘 나오는 사회와 과학은 뒤로 미루고 국, 영, 수에 집중하기 시작했다. 그리고 목표 점수를 설정했다. 모든 일에서 목표 설정은 아무리 강조해도 결코 지나치지 않는다는 것을 누구나 알 것이다.

나는 점수를 약 120점 정도 올리기로 목표를 세웠다. 짧은 시간에 이를 이루기 위해서는 장점을 극대화하는 방법보다는 치명적인 약점을 보완하는 전략이 필요했다. 나의 치명적인 약점은 국영수였다. 그중에서도 수학은 80점 만점에 20점 미만을 오갔다. 점수라고 말하기도 힘든 점수였지만, 이것은 곧 기초만 다지면 올라갈 점수가 많다는 것을 의미했다.

모든 시험은 대개 쉬운 문제 40퍼센트, 기본 문제 30퍼센트, 어려운 문제 30퍼센트 정도의 비율로 출제된다. 변별력을 두기 위해서다. 그중 쉬운 문제와 기본 문제를 풀고 어려운 문제 중 몇 개만 잘 찍으면 된다는 생각에 총 80점 중 60점을 목표로 잡았다. 그리고 결국 수능에서 수학 65점에, 총점 350점을 받아 상위 10퍼센트 이내라는 목표를 달성할 수 있었다.

나는 이것이 작은 성공이라고 생각한다. 당시 나는 이런 경험으로 자신감이 쌓여 많은 부분에서 자신 있게 생각하고 행동할 수 있었다. 당시 내 친구 중 한 명은 수학을 매우 좋아했고, 잘했다. 그 친구는 수학 교사가 되고 싶어 했지만, 입시에 실패하고 그 꿈을 이루지 못했다. 그 이유는 고3 때까지 자신이 좋아하는 수학에만 너무 집중했기 때문이다. 나는 선택과 집중을 중요하게 생각한다. 그런데 선택과 집중은 타이밍과 대상이 중요하기 때문에 잘 선택해야 한다.

두 번째로 나는 대학을 졸업하기 전에 야구 글러브 2,000개 판매하겠다는 목표를 세웠다. 당시에 그 판매 목표는 나 혼자만의 힘으로는 상당히 힘든 양이었다. 하지만 나는 목표를 세운 다음 계획을 만들기 시작했다. 700~800개 정도의 수량은 자신 있었지만 그보다 세 배 정도 되는 수량을 어떻게 감당해야 할지 고민이었다. 나는 나 같은 사람 세 명을 더 찾으면 되겠다는 생각이 들었다. 그래서 나와 같은 철학을 공유하는 사람들에게 내가 제작한 제품을 좋은 조건으로 공급하기 시작했다. 열정이 있는 사람 세 명과 함께 판매를 하니 공신력이 생겨 고객의 입장에서는 품질에 대한 믿음과 함께 열정에 감염되는 결과가 나타났다. 결국 그해에 나는 약 3,000개가량의 야구 글러브를 판매할 수 있었다.

이처럼 나는 나만의 작은 목표를 세우고 그것을 이루어가는 과정에서 성공의 DNA가 생기고 성장하는 것을 경험했다. 중요한 것은 크든 작든 나만의 목표를 세우는 것이다. 너무 먼 미래의 큰 성공만이 의미가 있는 것은 아니다. '천 리 길도 한 걸음부터'인 것처럼 한 발, 한 발 자신감을 바탕으로 길게 보고 가다 보면 멀리 있는 고지가 어느새 손에 잡힐 만큼 가까이 와 있을 것이다.

실패에서 얻을 건 정말 없을까?

밑져야 본전이라는 말이 있다. 나는 도전이야말로 밑져도 남는 일이라고 생각한다. 그 이유는 첫째, 작은 목표 달성을 통해 자신감이라는 DNA를 쌓을 수 있기 때문이다. 둘째, 실패를 통해서도 값진 교훈을 얻을 수 있기 때문이다.

앞으로 우리가 살아갈 미래에는 하나의 롤모델에 따라 줄지어서 순서를 매기는 지금과는 다른 세상이 도래할 것이다. 그 세상은 멀리 있는 것이 아니라 이미 시작되었다. 이제 머지않아 찍어낸 것처럼 매력 없는 정답보다 달라서 매력 있는 오답에서 훨씬 큰 가치를 찾아내는 시대가 올 것이다.

우리는 이제부터라도 매력적인 오답에서 나만의 해답을 찾아내야 한다. 그런데 실패를 두려워해서는 그 답을 찾을 수가 없다. 실패를 두려워해서는 안 되는 이유다. 우리는 어차피 맨몸으로 이 세상에 왔다. 당신은 혹시 잃는 것이 두려울 정도로 많은 것을 가졌는가? 만약 잃는다 해도 걱정할 필요가 없는 것이 그 또한 사실은 내가 잠시 가지고 있는 것일 뿐이기 때문이다.

일단 도전해보라. 실패하더라도 그 속에서 나만의 해답을 발견하면 된다. 해보지 않는 것보다 시도해봐야 내 몸속에 경험의 피가 흐를 수 있다. 절대 밑질 게 없는 장사다.

도전은 어쨌든 이기는 게임이다

가끔 친구들이나 주위 사람들과 이야기를 나눌 때면 안타까운 것이 있다. 대부분 현재의 생활에 만족하지 못하면서도 현실에 안주한다는 점이다. 지금 나의 모습은 과거에 내가 살아온 삶의 결과

이기에 그 책임 또한 자신에게 있다. 반대로 말해 지금 내가 바뀐다면 미래가 변할 수도 있는 것이다. 지금의 상황에 만족하지 못한다면, 결국 지금과는 다른 삶을 살기 위해 스스로 바뀌어야 하는데 많은 이들이 정작 그렇게 하지 못하고 있다.

그렇다면 무엇이 문제일까? 지금 상황이 분명 만족스럽지 않으면서도 변화를 하지 않으려는 이유는 지금 가지고 있는 것들을 잃을지도 모른다는 것에 대한 두려움 때문이다.

"구르는 돌에는 이끼가 끼지 않는다"라는 말을 들어보았을 것이다. 자신을 돌이라고 생각해보자. 자꾸 이끼가 끼고 있다. 이 이끼는 매우 해롭다. 그것이 누군가에게는 복부지방과 비만일 수도 있고, 누군가에게는 나태함과 게으름일 수도 있으며, 누군가에게는 무거운 짐일 수도 있다. 어쨌든 이끼를 해로운 존재라고 생각해보자. 가진 것이라고는 이끼뿐인데 그것을 잃을까 두려워 구르지 못한다면 얼마나 바보 같은 일이란 말인가?

그렇다면 결론은 간단하다! 어차피 빈 몸으로 태어났고 잃을 게 그리 많지도 않은데 뭐가 두려워 구르지 못하는가? 5년 뒤 이끼 긴 자신을 보고 '내가 왜 그때 구르지 못했을까?'라고 자책한다면 어떨지 생각해보라. 인생의 시작과 끝은 어차피 무일푼이기에 구르기만 하면 이기는 아주 즐거운 게임이다. 인생에서 즐거운 게임을 마음껏 해보고 세상과 이별을 고하는 그 순간, 웃으며 떠날 수 있다면 그보다 더 행복한 삶은 없을 것이다.

04
나만의 브랜드를
구축하라

장점을 드러내고 표현하라

한때 유명했던 노래인 김국환의 〈타타타〉에 "내가 나를 모르는데, 넌들 나를 알겠느냐"라는 가사가 있다. 이 가사처럼 우리는 의외로 자신을 잘 모르는 채로 살아간다. 그러니 남들이 나를 어떻게 알 수 있겠는가?

자기 PR 시대다. 우리는 그 말에 걸맞게 자신의 장점을 알리고 어필할 필요가 있다. 그러다 보면 남들이 알아줄 확률이 높아지고, 그 장점이 더 부각될 수 있다. 여기서 잘 못하는 부분이나 단점은 신경 쓸 필요가 없다. 수십 가지 반찬이 나오는 식당에서도 손이 가는 반찬은 몇 개뿐인 것처럼 당신도 자신의 장점 중에서 한두 가지를 강하게 어필해 상대에게 강한 인상을 남겨야 한다. 물론 자신의 장점을 잘 파악하고 그 장점을 키우기 위한 노력은 필수다.

내가 나의 장점을 자랑하고 알리지 않으면 남들은 계속 모를 수밖에 없다. 노력하지 않았는데 알아주는 경우도 간혹 있지만, 그것은 시간이 너무 오래 걸린다. 나 역시 처음에 자랑할 때는 무척 부끄러웠지만 그렇게 말하고 나니 내 말에 책임을 지는 사람이 되기 위해 더 노력할 수 있었다. 그 결과 내가 자랑하던 장점이 더욱 강화되고 발전되어가고 있다.

나만의 이미지를 만들자

사람은 자신이 바라는 대로 될 수 있는 존재이다. 나는 자신의 이미지는 스스로 만들어가는 것이라고 생각한다. 원하는 대로 살고, 표현하고, 그것을 계속하다 보면 그에 걸맞은 이미지가 만들어지고 심어진다. 많은 자기계발서에서 원하는 이미지를 머릿속에 그리며 즐겁게 살아가라고 강조한다. 이를 반복해서 실천하면 어떻게 될까? 어느새 그 모습이 자신의 삶이 되어가는 것을 느끼고 습관처럼 행동하게 될 것이다.

나 역시 그것을 경험했다. 나는 먼저 목표를 정하고 그에 가장 적합한 롤모델을 찾아 그들의 인생을 실제로 살아보려고 노력했다. 내가 되고 싶은 모습을 그리고, 그 모습을 공표하고, 실제로 그렇게 살아가고자 한 것이다. 그것을 일관되게 반복하다 보니 그게 곧 내 삶이 되고 선순환이 되는 것을 나는 삶에서 경험할 수 있었다.

이는 겉으로 보이는 것만이 중요하다는 말이 아니다. 여기서 겉으로 보이는 모습이란 억지로 과한 포장을 하는 것을 뜻하는 것이 아니라 안에서 신념과 믿음과 생각하는 모습이 자연스럽게 흘러나오는 것을 말한다. 먼저 자신이 생각하는 멋진 삶을 생각해보라. '어떻게 살아야 할 것인가?' 그리고 그에 대한 롤모델을 찾아보라. 그렇게 살고자 노력하고 떠들어보라! 그리고 그걸 계속하는 거다.

다양한 미디어 채널을 활용하라

나를 가장 잘 알릴 수 있는 사람은 누구일까? 당연히 자기 자신이다. 요즘은 남들에게 자기 자신을 매력적으로 어필할 수 있어야 좋은 성과를 만들 수 있다. 그러기 위해서는 어떤 점을 어떻게 어필하면 좋을지 고민해야 한다. 그중 가장 중요한 것은 무엇을 어필할지에 대해 고민하고 답을 찾아보는 것이다.

최근에는 다양한 SNS 채널이 등장해 마음먹기에 따라 자신을 알릴 수 있는 방법이 무궁무진하다. 나는 주로 카카오스토리와 페이스북을 활용해 간단한 일상과 내가 진행하는 일을 많이 올린다. SNS 채널을 보면 많은 사람들이 자신의 삶을 자랑하는 공간으로 변하고 있다. 나 또한 그런 타인의 삶을 보면서 부러운 마음과 자괴감이 든 적도 있다. 하지만 지금은 내 일상과 멋진 꿈을 지속적으로 표현하면서 SNS에서의 삶을 즐기고 있다.

내 SNS를 보고 상대적 박탈감을 느끼는 분들이 있을지도 모른다. 하지만 그보다는 비즈니스 관점에서 문의하고 의뢰하는 분들이 훨씬 많으리라 생각한다. 물론 SNS에도 동전의 양면처럼 좋은 점과 나쁜 점이 모두 존재한다. SNS에서는 장점, 즉 좋은 점을 위주로 강조하고, 간혹 고민이나 생각할 거리가 있을 때에는 고민을 공유하는 정도로 활용하는 것이 좋다. 재미있는 것은 SNS에서 나의 삶을 시기, 질투하는 것처럼 느끼고 표현하던 사람조차도 막상 도움이 필요할 때는 나를 찾는다는 것이다.

이처럼 경쟁력은 자기 스스로 표현하고 만들어가는 것이다. 중요한 것은 그 삶이 내 것이 아니면 아무 의미가 없다는 점이다. 가짜 인생은 금방 들통나게 되어 있다. 내실을 다지려는 노력은 필요조건이고 그것을 잘 보여주고자 노력하는 것은 충분조건이라는 것을 알아야 한다.

무엇인가를 지속하면 삶이 된다

"계속 말하면 이루어진다"는 말이 있다. 아프리카 원주민들이 전투에 나가기 전에 승리의 주문을 외우고 현대의 군대에서도 군가를 부르는 이유는 인간이 영적인 동물이기 때문이다.

나는 어릴 적부터 어떤 사람이 되겠다는 생각을 지속적으로 해왔다. 특히 금전적으로 휘둘리지 않겠다고 다짐했다. 물질적인 것 때문에 내가 하고 싶은 것을 못하는 사람이 되지 않겠다고 생각한 것이다. 그리고 실제로 나는 지금 내가 원했던 모습으로 살고 있다.

처음에는 주위 사람들이 그런 내 모습을 부러워하기도 하고, 허세라고 생각하기도 했다. 하지만 나는 우여곡절이 있기는 했지만 그래도 내가 원하는 삶을 살아가고 있다고 자부한다. 적어도 10년 이상을 그렇게 살아왔다. 나는 내가 성공했다고 생각하지는 않지만, 그것이 무엇인지는 어렴풋하게나마 알 것 같다. 나는 성공이란, 지금 나의 삶과 내가 정말 바라는 삶의 모습과의 격차를 줄여가는 것이라고 생각한다.

인간은 그러한 과정을 통해 성장한다. 내가 살아가는 방법은 내가 바라는 삶대로 살아가는 것이다. 이것은 분에 넘치는 사치를 뜻하는 것이 아니다. 나는 오늘 살아진 것처럼 내일도 살아지는 삶이 아니라 적절한 부담감을 가지고, 그것을 목표와 꿈의 힘으로 이겨내고 계속 앞으로 나아가는 과정을 통해 성장하면서 내가 그리는 성공으로 다가가는 삶을 살고 그렇게 살아가고자 노력하고 있다.

그 결과 오래전부터 나를 봐오던 사람들이 인정해주기 시작했다. 예전에는 나의 자신감을 허세라고 생각하던 사람들도 그것이 10년 넘게 유지되는 것을 보면서 그 모습 자체를 인정해주기 시작한 것이다. 오랜 시간 꾸준히 지속하다 보니 그것이 생활이 되어 나의 정체성으로 보이기 시작한 것이다. 이렇듯 삶은 지속적인 활동을 통해 만들어진다.

자신이 되고 싶은 모습을 그리고 그 모습대로 살기 위해 노력해보라. 그 과정에서 문제가 생길 수도 있다. 하지만 그 문제를 스스로 해결하기 위해 노력하다 보면 그 과정에서 자신이 성장하는 것을 경험할 수 있을 것이다. 그리고 그렇게 계속해보라!! 그것은 곧 나의 삶이 된다.

05
거둘 생각부터 하지 말고
씨앗부터 뿌려라

가능한 한 많은 씨앗을 뿌려라

"세상은 넓고 할 일은 많다." 예전에 김우중 전 대우그룹 회장이
한 말이다.

나는 살면서 인간의 위대함을 정말 많이 느낀다. 그런데 사람들
과 대화를 나누다 보면 의외로 많은 사람들이 지금의 삶을 전부라
고 생각하는 것 같다. 지금 하는 일, 지금 만나는 사람, 지금 주어진
시간, 지금 해야 할 일 등 당장 눈앞에 펼쳐진 삶이 자신의 전부라
고 생각하고 살아가는 것처럼 느껴질 때가 많다.

우리의 삶은 굉장히 넓고 크다. 내일 어떻게 될지는 아무도 모르
는 일이다. 내가 지금 하고 있는 일을 미래에도 하고 있을 거라고 장

담할 수 있는가? 미래에는 나의 직업이 사라질 수도 있고, 존재하지만 내가 하고 있지 않을 수도 있다.

만나는 사람도 마찬가지다. 앞으로 어떻게 될지는 아무도 모른다. 미래는 아무도 알 수 없지만 확실한 것은 지금을 잘 준비한 사람은 불확실한 미래를 기회로 맞이하는 반면, 그렇지 못한 사람은 불확실한 미래가 두려움으로 다가올 거라는 점이다.

우리는 다가올 미래와 자신의 행복을 위해 가능한 많은 씨앗을 뿌려야 한다. 여기서 말하는 씨앗은 투자를 말한다. 미래의 자신에게 투자할 때에는 분명한 원칙에 따라 가치투자를 해야 한다. 지금 투자하고 내일이나 모레에 수익을 따지는 것은 의미가 없는 행동이다. 그렇게 단기적인 손익을 따져봤자 시간낭비일 뿐이다. 미래 가치에 장기적인 투자를 해야 황금알을 낳는 거위가 될 수 있다.

그렇다면 무엇에, 어떻게 씨앗을 뿌려야 할까? 먼저 자기 자신에게 물어보라. 나의 관심과 호기심이 어디에 있는지 말이다. 우선 거기에 투자해보라. 그리고 만나는 사람에게 투자해보라. 지금 당장 무엇을 얻으려고 해서는 안 된다. 지속적인 관심을 가지고 투자해야 한다. 농부가 농작물에 대한 관심과 애정으로 싹을 피우듯이 지속적으로 투자하면 어느 순간 충분한 결실을 맺게 될 것이다

무엇 때문에 씨앗을 뿌리지 못하는가?

모든 사람에게 공평하게 주어지는 하루는 24시간이다. 누구나

24시간을 살지만 각자의 삶이 달라지는 이유는 각자가 어떻게 살아가는지에 대한 차이에서 온다. 30대 중반이 되자 많은 사람들이 지금의 나를 두고 여러 가지 평가를 한다. 그러면 나는 그들에게 "저는 아직 씨앗을 뿌리고 있는 중입니다"라고 말한다. 이 말은 진심이다. 봄에 씨앗을 뿌리고 가을에 수확을 하듯이 아직은 씨앗을 뿌릴 때라고 생각한다. 지금 가진 모든 것은 온전히 나의 것이 아니고, 있다가 없어질 수도 있는 것들이다. 또한 지금은 없지만 언젠가는 나에게 오게 될 수많은 것들도 존재한다.

우리가 많은 수확을 거두기 위해 가장 먼저, 그리고 중요하게 해야 할 것은 많은 씨앗을 뿌리는 일이다. 그런데 많은 사람들이 이에 대해 주저한다. 그들이 주저하는 이유로 드는 것은 크게 다음의 세 가지다.

첫째, 지금 씨앗을 뿌릴 여유가 없다는 것이다. 실제로 주위를 둘러보면 모두들 너무 바쁘게 살고 있다. 하지만 왜 그렇게 바쁘게 살고 있는 걸까? 자신이 바쁘게 사는 이유가 뭔지를 생각해봐야 한다. 그 일들이 지금 당장 꼭 해야 하는 일일 수도 있고, 내 삶을 지탱해주는 일일 수도 있지만, 자신의 인생에서 가장 중요한 일이 아닐 수도 있다. 인생에서 자신에게 소중한 것을 먼저 해야 한다. 정말 바쁘고 힘들더라도 소중한 것을 먼저 할 수 있는 여유를 찾기 위해 노력해야 한다. 많은 고통과 어려움을 감수하고라도 씨앗을 뿌리는 노력을 하고, 씨앗을 뿌려야 한다. 그래야 삶이 변할 수 있다.

둘째, 씨앗을 뿌려도 그 결과가 당장 돌아오지 않는다고 생각한다는 것이다. 뿌린 대로 거둔다는 속담이 있지만 나는 시간이 어느 정도 흐르면 뿌린 것보다 훨씬 더 많은 것을 거둘 수 있다고 생각한다. 지금 뿌려서 당장 거둘 수 있는 것은 도박뿐이다. 우리는 인생을 도박처럼 살아서는 안 된다. 패가망신할 뿐이다. 모든 것은 누적되는 시간이 쌓이고 조금씩 성장하다 보면 빛을 보게 마련이다. 조금 더 여유를 가지고 숙성하기 위한 노력을 해야 한다.

셋째, 어디에 어떻게 씨앗을 뿌릴지 모른다는 이유다. 당장 어디에 어떻게 씨앗을 뿌려야 할까? 그 답은 자신에게서 찾아야 한다. 내가 잘하는 것, 좋아하는 것, 즐거운 것 등에 대한 질문과 답을 하다 보면 지속할 수 있는 힘이 생기고, 그 과정에서 성장하는 자신을 보면 새로운 힘이 생긴다. 이것은 행복과도 관련이 있다. 자신이 성장하는 것을 느끼면서 계속하는 것은 매우 즐겁고 행복한 일이다.

나는 지금 이 글을 쓰면서 내가 성장하고 있음을 느끼고, 행복하다고 느끼고 있다. 이 글을 쓰는 것 또한 씨앗을 뿌리는 일이다. 많은 씨앗을 즐겁게 뿌려보라. 달콤한 열매를 수확할 수 있을 것이다.

1000만 원어치의 씨앗을 뿌린 남자

내가 만난 한 청년을 소개한다. 그의 이름은 조현우다. 사람의 인연은 정말 우연한 기회에 찾아온다. 나는 그를 정말 우연한 기회에 만나게 되었다. 그로 인해 나는 준비된 우연에 준비해야 한다는 것을 다시 한 번 느꼈다. 그는 현재 직업군인으로 불안한 미래에 대한 고민을 자신에 대한 믿음과 투자로 극복해내고 있는 청년이다.

그는 그 고민을 해결하는 방법으로 자신보다 훌륭한 사람들로부터 많은 것들을 배워야겠다는 생각을 했다. 그리고 그들과 만나기 위해 씨앗을 뿌렸다. 처음에는 다양한 호기심을 충족하기 위해 이것저것 많은 관심을 기울였다. 그는 테니스를 치거나 동호회에 참여하는 등 다양한 활동을 하면서 사람의 중요성을 느끼고 좋은 스승을 얻고자 1,000만 원이라는 돈을 뿌린 멋진 청년이다. 그 1,000만 원이라는 씨앗은 지금 무럭무럭 잘 자라고 있다. 끝이 아닌 시작인 것이다. 이제 막 싹을 틔우고 있지만 그에게는 이미 많은 인생의 변화가 생기고 있다.

그는 불과 7개월 만에 수많은 훌륭한 사람을 만나고 그 속에서 함께 성장하고 있는 중이다. 그리고 그들로부터 배운 여러 가지 교훈을 바탕으로 지금은《만나는 사람을 바꿔야 인생이 바뀐다》라는 책의 저자가 되었다.

내가 조현우 군을 보면서 몇 가지 느낀 점이 있다.

첫째, 가능한 많은 씨앗을 뿌려야 한다는 것이다. 다양한 즐거움과 관심 분야에 투자를 하다 보면 내가 진짜 원하는 것이 무엇인지 찾을 수 있고, 즐거운 일들을 지속하다 보면 삶 자체가 즐거워진다. 그리고 이런 다양한 경험을 통한 시너지가 새로운 생각을 만들어준다. 그러기 위해서는 조현우 군처럼 당장 움직이는 게 중요하다.

둘째, 힘든 상황을 극복하기 위해서는 더 많은 씨앗을 뿌려야 한다는 것이다. 모르는 사람들은 '1,000만 원이란 돈이 어디서 나왔지?', '원래 부자 아니야?'라는 생각을 하기도 한다. 그런데 실제로 1,000만 원이란 돈은 그에게도 큰돈이었다. 자신의 꿈과 목표를 위해 힘들게 마련한 돈이었던 것이다. 또 '군인은 원래 시간이 많은 거 아니야?'라고 말하는 사람도 있다. 하지만 이것도 정말 틀린 생각이다. 그는 바쁜 군생활 중에도 자는 시간을 줄여 자신의 발전을 위해 투자했고, 부산과 서울을 매주 왕복하는 상황에서도 열심히 배우는 일에 씨앗을 뿌렸다.

셋째, 씨앗도 자신이 뿌리고 농사도 자신이 지어야 한다는 것이다. 씨앗을 뿌리는 것은 매우 중요하지만 그걸로 끝이 아니다. 그 씨앗이 싹을 틔우고 뿌리를 내리게 해야 한다. 그 과정 또한 중요하다. 그것은 진정성과 의지와 열정이 좌우한다. 내가 원하는 무엇인가에 씨앗을 뿌리고 싹을 틔우기 위해 즐거운 열정을 쏟아부어야 한다.

처음 만났을 때 그는 좋은 씨앗을 가지고 있는 친구였다. 지금은 싹을 틔우고 뿌리내리면서 멋지게 성장하고 있는 모습을 볼 수 있어서 나에게도 신선한 자극이 되고 있다. 모든 이들이 멋진 씨앗을 많이 뿌렸으면 좋겠다.

씨앗을 뿌려야 수확할 수 있다

씨앗을 뿌리기 전에 수확을 걱정하는 사람들이 있다. 하지만 무엇을 하든 일단 해보고 판단해도 절대 늦지 않는다. 그리고 그 판단 또한 바로 할 수 있는 성질의 것이 아니다. 경험이란 그 자체로 끝나는 것이 아니라 경험과 생각이 맞물려 서로 영향을 주고받는다. 결국 많이 경험하고 많이 생각할수록 더 많은 것을 얻을 수 있다.

자신에 대한 투자를 자동판매기처럼 생각하는 사람들이 있다. 어떤 사람은 복권으로 생각하기도 한다. 나는 투자가 황금알을 낳는 거위라고 생각한다. 작은 오리알부터 정성스럽게 키워나가다 보면 어느새 황금알을 낳는 거위로 커져가는 것, 그게 바로 씨앗의 힘이고 자신에 대한 투자의 가치다. 자신에 대한 믿음과 확신을 가지고 씨앗을 뿌려보라. 황금알을 낳는 거위를 얻을 수 있을 것이다.

돈 들지 않는
웃음에 투자하라

마인드를 바꾸면 모든 게 바뀐다

세상을 살아가면서 가장 중요한 것은 무엇일까? 사람마다 각기 다른 답이 나올 것이다. 누구는 돈을, 누구는 시간을 말할 것이다. 나는 살면서 가장 중요한 것은 태도와 마인드라고 생각한다. 어떤 마음과 태도를 가지고 살아가느냐에 따라 인생이 바뀔 수 있기 때문이다.

우리는 힘든 일이 있을 때마다 '마음을 다잡는다'고 말한다. 그만 큼 마음과 태도의 중요성이 크기 때문이다. 나는 스스로 상당히 운이 좋은 사람이라고 생각한다. 그 이유 중 하나는 좋은 스승들로부터 많은 것을 보고 배울 수 있었기 때문이다. 내가 자주 가는 일본의 한 야구용품점이 있다. 이곳은 불과 몇 년 전까지만 해도 작은 규모의 야구용품 전문점이었다. 그런데 짧은 시간 동안 급성장해 지금은 매우 큰 규모의 야구용품 전문점이 되었다. 나는 그 과정을 지켜봐왔기 때문에 더욱 놀랐는데, 일본에서도 이들 두고 '미라클'이라는 표현을 사용하고 있다. 기적이라는 의미다.

이 야구용품점 사장님을 보면 참 배울 점이 많은 데다 나를 많이 배려해주셔서 감사할 따름이다. 이분은 나의 거래처 사장님이기도 하고 친구의 아버지이기도 하며 지금은 가족처럼 지내고 있는 특별한 관계로 함께 이야기를 하다 보면 너무 재미있다.

한번은 사장님에게 성공의 비결이 무엇인지 물었다. 대답은 간단했다. "첫째도 고객 만족! 둘째도 고객 만족! 셋째도 고객 만족!"이라는 대답을 들을 수 있었다. 사장님은 이것이야말로 정말 간단하면서도 가장 강력한 힘이라고 생각한 것이다.

성장기에는 남들이 하는 만큼만 해도 괜찮았을지 모르지만 지금은 아니다. 경쟁이 치열해수록 중요한 것은 기본이다. 처음에는 조금 의아했다. 첫째는 '비즈니스의 기본은 이윤 창출, 이윤 추구 아닌가?'라는 생각 때문이었고, 둘째는, '너무 상투적이고 듣기 좋은 대답 아닌가?'라는 생각에서였다. 그런데 시간이 지나면서 그 의미를 되짚어볼수록 정말 간단하면서도 명확한 비법이자 비결이었다.

이 매장 근처에는 맥도날드가 있는데, 나는 그곳에 종종 들러 혼자 커피를 마시며 시간을 보내곤 한다. 그러다 보니 그 야구용품점에서 쇼핑을 마친 학생들이 이 맥도날드 매장에서 수다를 떠는 모습을 많이 보았다. 나는 그들의 대화를 들으며 고객 만족의 위력을 실제로 확인할 수가 있었다. 그들은 간식을 먹으면서 방금 한 쇼핑에 대만족을 하고 있었다. 그리고 그 만족감을 혼자 간직하지 않고 자신들의 동료와 지인들에게 퍼뜨렸는데, 그게 커지고 커져서 지금의 기적 같은 성장을 이룰 수 있었던 것이다. 그 사장님은 어떻게 고객 만족을 실행할 수 있었을까?

고객이란 말의 의미는 사업하는 사람에게는 고객이고, 연애하는 사람에게는 사랑하는 사람이다. 지금 상대하는 바로 그 사람이 우리 인생의 고객인 것이다. 그들을 만족시키는 방법은 내가 먼저 웃으며 다가가 상대를 웃게 하겠다는 마음가짐으로부터 시작된다. 이러한 마음가짐에서 오는 작은 차이가 인생의 많은 부분을 변화시킬 수 있다. 나 역시 살아가면서 경험을 통해 이를 깨닫고 있다.

웃음으로 여유와 호의를 드러내자

나는 그리 긴 인생을 산 것은 아니지만 다양한 경험을 하기 위해 노력해왔다. 지금까지 다양한 경험을 하면서 느낀 것 중 하나는 옛말에 대한 믿음과 신뢰이다. 나는 "고생 끝에 낙이 온다", "위기 뒤에 기회가 온다"는 말처럼 "웃으면 복이 온다"는 말 또한 많은 경험을 통해 확신할 수 있었다. 인간의 마음이 본래 그런 것 같다. 웃는 얼굴에는 침을 뱉지 못하고, 웃는 아기를 보면 같이 미소 짓게 되고, 웃으면 긴장이 풀리고, 긴장이 풀리면 경계가 풀린다.

중요한 것은 내가 먼저 웃어줄 수 있는 태도이다. 이것은 마음의 여유가 있어야 가능하다. 상대를 향해 먼저 웃을 수 있는 마음의 여유 말이다. 웃음의 효과는 엔돌핀이 생성되어 수명이 연장되는 등 이루 말할 수 없이 많다. 나는 그런 전문적인 것에 대해서는 잘 모르지만 내가 먼저 미소를 보이면 상대도 대부분 호의적이라는 것은 분명히 안다.

나는 한국에서 남자끼리 엘리베이터를 타면 서로 묘한 기싸움을 하는 것을 많이 느낀다. 수컷들의 기싸움이라고나 할까? 엘리베이터가 초원이 아닌데도 말이다. 마치 사우나에서 서로 빨리 안 나오려고 버티는 기싸움처럼. 그런데 생각해보면 이런 것들이 '참 의미 없는 행동이구나'라는 것을 느낄 수 있다.

먼저 웃고 인사하면 경계가 없어지고 서로 친구나 인생의 선후배가 되는 경우도 있다. 내가 먼저 나의 여유, 마음의 여유를 웃음으로 표현하니 상대도 그것을 느끼고 호의적으로 받아들인 것이다. 웃음이 나의 여유를 표현하는 방법이라고 생각하고 먼저 상대에게 웃어줘보라. 상대도 웃음으로 화답할 것이다.

가성비가 가장 좋은 투자, 웃음

나는 웃는 것이야말로 가장 가성비가 좋은 투자라고 생각한다. 투자 금액은 제로에 가깝고 그에 비해 얻을 수 있는 효과는 매우 크다. 그 효과가 얼마나 큰지는 상상할 수조차 없다. 웃으면 복이 온다는 말에는 여러 가지 의미가 있다. 첫째는 말 그대로 웃으면 복이 온다는 웃음의 의미에 대한 중요성이다. 웃음은 그 자체만으로 나를 상대에게 어필할 수 있고, 내 마음의 여유를 표현할 수 있다.

둘째는 마인드의 표현이다. 복을 받으면 웃는 게 아니라 내가 먼저 웃어서 상대를 웃게 하겠다, 상대를 먼저 즐겁게 해주겠다는 의미인 것이다. 이런 마인드는 인생을 살아가는 데 아주 중요하다.

살아가면서 모든 것을 거래관계로만 생각하고 행동한다면 각박한 세상이 더 각박하기 그지없는 곳이 될 것이다. 하지만 상대를 즐겁게 해주겠다는 마음이 있고 그것이 상대에게 전달된다면 상대도 나에게 즐거움을 주기 위해 계속 노력할 것이다. 내가 먼저 웃어주고 상대를 기쁘게 해줄 수 있다면 반드시 복이 되어 나에게 다시 돌아올 것이다. 먼저 웃어보라. 웃으면 복이 올 것이다. 웃음은 가장 간단하면서도 바로 할 수 있는, 리스크는 없고 효과는 큰 확실한 투자다.

06

요식업계 왕자에서
새로운 도전을 꿈꾼다
_블랙웨일 박형식 대표

박형식 대표는 요식업계에서는 꽤나 널리 알려진 젊은 대표이다. 그는 피플즈 인천 부평점, 마당푸드, HS COMPANY의 대표로 수년 간 외식업계에서 좋은 이미지를 쌓아왔다. 그런 그가 남성 샴푸라는 새로운 영역에 도전을 시작했다. '블랙웨일(Black Whale)'이라는 새로운 브랜드를 출시하고 유통하기 시작한 것이다. 사업하면서 유사 업종으로 전환하는 경우는 쉽게 볼 수 있지만, 완전히 다른 업종으로 전환한 것이기에 나는 놀라지 않을 수 없었다. 그런 그를 인터뷰해보기로 했다. 왜, 어떻게 해서 방향 전환을 했는지 궁금했고, 인간 박형식에 대한 궁금증이 생겨서다.

Q: 식당을 시작한 계기가 무엇인가요?

저는 20대 때 많은 어려움을 겪었습니다. 아버지의 건강이 나빠지면서 빚이 생기기 시작했습니다. 시간이 지날수록 빚이 늘어나더니 스물다섯 무렵에는 빚이 대략 7억 원에 이르렀습니다. 가족의 생계를 책임지고 빚을 해결하기 위해서는 제가 일을 해야 했습니다. 그것이 장사를 하게 된 계기였습니다.

지금 생각해보면 당시에는 감당하기 힘들었던 그 빚이 저를 성장하게 한 것 같기도 합니다. 제가 감당해야 할 빚의 크기만큼이나 제 생각의 크기도 커졌다고 확신합니다. 그때 어려움을 겪은 덕분에 그 후 빚을 갚을 수 있었고 사업도 탄탄하게 잘 운영할 수 있었습니다. 빚의 규모 때문에 그저 괜찮게 되는 장사를 할 수는 없었고 무조건 줄을 세워 대박이 나는 장사에 대해 고민했기 때문에 지금의 매장을 만들 수 있었습니다.

그때 만약 빚이 적은 액수였다면 현실에 안주했을 것입니다. 하지만 그 빚은 제게 너무 큰 금액이었습니다. 그 빚을 갚기 위해서는 더 큰 생각과 노력을 해야 했습니다. 저는 그 과정을 거치면서 더 많이 성장할 수 있었습니다. 가족의 생계를 위해 어쩔 수 없이 시작했지만, 저에게는 정말 많은 것을 느끼고 배울 수 있는 소중한 기회이자 시간이었습니다.

Q: 아주 긍정적인 사고를 하는 것 같은데 어떻게 살아왔나요?

저는 공부를 잘하지는 못했어요. 하지만 긍정적이고 유쾌하고 노는 것을 좋아하는 스타일이었습니다. 저는 친구들과 어울리는 것도 좋아했어요. 그러다 보니 사회성은 좀 있는 편이었습니다. 하지만 거기까지였어요. 뭔가 잘하는 것은 별로 없었습니다.

그러다가 인생의 반전이 일어났습니다. 우연한 기회에 군대에서 책을 보게 되었어요. 약 50여 권 정도 봤는데, 그때 본 책이 제 인생을 크게 변화시켰어요. 저는 책을 통해 많은 궁금증을 해결했어요. 그런데 궁금증을 해결하고 나니 다른 궁금증들이 생기기 시작하고, 그 과정에서 말 그대로 성장하기 시작했습니다. 그러자 생각이 확장하면서 제 자신에게까지 이르게 되었습니다. '난 누구지?', '나는 무엇을 좋아하지?'와 같은 질문을 스스로에게 던지고 답했습니다. 그후로 저는 저에게 늘 이 질문을 던지고 답해왔습니다. 군에서 우연히 접한 책이 제 인생에서는 아주 의미 있는 시간을 제공해주었다고 생각합니다.

Q: 외식업의 성공 요인은 무엇인가요?

주위를 둘러보면 많은 식당이 있습니다. 그만큼 경쟁도 치열합니다. 치열한 경쟁을 하는 만큼 많은 노력을 하고 있습니다. 하지만 노력의 양과 성과는 정비례하지 않습니다. 무작정 노력하기보다는 '어떻게 하느냐?'가 더 중요하다고 생각합니다. 제가 운영하는 사업체와 제 사업의 핵심은 바로 '나다움'이 실현되는 곳이라는 점입니다.

하지만 말은 쉬워도 실제로 구현하기가 쉽지만은 않습니다. 저 역시 지금도 그렇습니다. 그래서 틈나는 대로 더 많은 책을 읽고, 더 많이 공부하고자 노력하고 있습니다. 그리고 꼭 자기만의 시간을 찾아 생각하는 시간을 가지려고 합니다. 이런 과정과 생각으로 나온 결과물이 '어떻게 하느냐?'에 대한 방법이 됩니다. 제가 생각하는 저의 경쟁력은 이것입니다.

Q: 왜 갑자기 샴푸를 판매하기로 결정했나요?

저는 결혼하고 아기가 생기면서 가족과 시간을 보내는 것에서 큰 행복을 느꼈습니다. 가족이 생기면서 그런 시간을 많이 만들어가는 것이 행복한 인생이라는 생각을 많이 하게 되었습니다. 그 전에는 제 꿈이 우선이었습니다. 저는 저만의 꿈 vs 행복(가정)이 대치하는 상황에서 고민했습니다.

그 고민의 과정에서 찾은 것이 온라인을 통한 사업의 시스템화입니다. 세상에 필요한 상품을 가치 있게 잘 만들어서 올바르게 유통한다면 제 자신은 물론 저의 가족, 그리고 이 사회에도 가치가 있는 일이라는 생각에 새로운 사업에 도전해보기로 결정했습니다. 또한 확장성도 고려했습니다. 중앙대 '글로벌 외식산업 최고경영자 과정'에서 만난 김승호 회장님께 배운 내용 중 특히 기억에 남는 것이 바로 확장성이었습니다. '내 사업이 시스템을 가지고 확장될 수 있겠는가?'라는 고민 끝에 찾은 나다움이 있는 사업이 샴푸였습니다.

Q: 왜 샴푸이고, 왜 '블랙웨일'인가요?

요즘 제가 관심 있게 공부하고 있는 것이 브랜드와 마케팅입니다. 저는 이 두 가지 관점에 나다움을 녹여서 가치 있는 일을 비즈니스로 풀어내고 싶은 것이 제가 해야 할 일이라고 생각했습니다. 우선 '블랙웨일'은 제가 만든 브랜드의 이름입니다. '블랙웨일'은 향유고래로 전 세계를 떠돌아다닙니다. 저는 블랙웨일에 글로벌한 브랜드를 만들고자 하는 제 의지를 담았습니다. 블랙웨일은 브랜딩과 마케팅의 관점, 그리고 저만의 여러 의미를 부여한 끝에 만들어졌습니다.

브랜드의 아이템은 샴푸, 그중에서도 남자 전용 샴푸로 정했습니다. 저는 세상에 필요한 상품을 진정성 있게 만들려고 생각하고 있습니다. 샴푸도 그렇습니다. 저는 남자 전용의 좋은 샴푸가 필요하다고 느꼈습니다. 저에게 필요하다면 저와 비슷한 다른 많은 사람들에게도 필요할 거라고 생각했습니다. 수많은 불특정 다수보다 고객을 세분화해 남자에게 좋은 샴푸, 두발과 두피에 민감한 사람들을 위한 남자 전용 샴푸를 아이템으로 정했습니다.

마케팅과 브랜딩 관점에서 스토리를 입히는 것은 매우 중요합니다. 저는 지금부터 '블랙웨일'에 다양한 스토리를 입혀나갈 것입니다. 그리고 그 과정을 즐길 것입니다.

Q: 새로운 분야에 도전하는 것에 대한 두려움은 없었나요?

제 삶에 두려움은 언제나 존재했습니다. 빚이 있을 때나 없을 때나 슬플 때나 심지어 기쁠 때조차도 불안했습니다. '이렇게 기뻐도 되나?', '아직 너무 이르지 않나?'라고요. 어디선가 "인생은 가까이서 보면 비극이지만 멀리서 보면 희극이다"라는 말을 본 기억이 납니다. 지금 당장 느끼는 불안과 두려움으로 눈앞의 일을 못하는 것보다는 담대하게 멀리서 길게 보고 가야 할 길을 천천히 간다면 그것이 더 멋진 삶이고 더 멋진 결과를 만들 수 있을 거라고 생각합니다.

두려움을 없애는 방법은 우선 제 자신을 믿고, 두려움에 대해 걱정할 시간에 그냥 해보는 것입니다. 자신을 믿기 위해서는 자신에게 많은 시간을 투자해야 합니다. 혼자서 책을 보고 혼자서 생각하는 등 혼자 보내는 시간을 갖다 보면 자신에 대한 믿음이 생기고 자신감이 생깁니다. 그리고 그냥 해봐야 합니다. 물론 생각대로 모두 될 것이라고 생각하지는 않습니다. 그리고 그렇게 되지 않는 것은 어쩌면 자연스럽고 당연한 일입니다. 하지만 그 과정에서 수정하고 보완할 수 있습니다. 그러다 보면 내가 목표하고 원하는 곳에 갈 수 있다고 믿고 두려움을 이겨내면서 열심히 하고 있습니다.

Q: 마지막으로 하고 싶은 말은 무엇인가요?

제가 생각하는 인생의 키가 두 가지 있습니다. 저는 이 두 가지를 꼭 해보라고 말하고 싶습니다. 이 두 가지는 가장 적은 투자로 가장 값진 효과를 얻는 방법이기 때문입니다. 그리고 제 인생에서 충분히 경험한 확실한 방법이기도 합니다.

그중 첫 번째는 책 읽기입니다. 책을 읽으면 혼자만의 시간에 집중할 수 있습니다. 책을 읽으면 생각을 하게 됩니다. 그리고 그것이 쌓이면 자신만의 관점이 생깁니다. 앞으로 가장 큰 경쟁력은 자기다움이라고 많은 석학들이 말합니다. 하지만 정작 자기다움을 갖고 있는 사람은 그리 많지 않습니다. 저는 자기다움의 기초를 다지는 일이 책 읽기라고 생각합니다. 스스로 질문하고 답하기를 계속하다 보면 나다움이 있는 삶을 살아갈 수 있고, 여러 부분에서 자신만의 강점을 가지고 인생을 살 수 있습니다.

두 번째는 도전하라는 것입니다. 이는 이 책의 핵심 메시지와도 일치합니다. 도전하지 않으면 어떤 결과도 얻을 수 없습니다. 일단 도전해야 어떤 결과가 생깁니다. 결과가 있어야 수정하고 보완할 수가 있습니다. 중간에 생긴 결과가 전부는 아닙니다. 수정하고 보완하면 더 나은 결과를 만들 수 있습니다. 해봐야 아는 것입니다. 제가 생각하는 실패의 이유는 도전을 안 하기 때문입니다. 생각만 하고 말기 때문입니다. 그것이야말로 실패보다 더 값어치 없는 실패입니다. 하고 싶은 일이 있다면 일단 해보십시오. 이것이 시작입니다. 다음에 일어나는 문제는 그후에 자연스럽게 해결하면 됩니다.

DASH, 오늘의 나를 넘어서라

초판 1쇄 인쇄 2018년 1월 2일
초판 1쇄 발행 2018년 1월 5일

지 은 이 **민병철**
펴 낸 이 **김진성**
펴 낸 곳 **호이테북스**
편   집 **정소연, 신은주, 박진영**
디 자 인 **이선영, 장재승**
관   리 **정보해**

출판등록 **2005년 2월 21일 제2016-000006호**
주   소 **경기도 수원시 장안구 팔달로237번길 37, 303(영화동)**
전   화 **02-323-4421**
팩   스 **02-323-7753**
홈페이지 **www.heute.co.kr**
이 메 일 **kjs9653@hotmail.com**

※ 잘못된 책은 서점에서 바꾸어 드립니다.